Burkhard Budde

Inspirationen für

Gegenwart und Zukunft

Kleines Kompendium christlichen Wissens

Bibliografische Information der Deutschen Nationalbibliothek:
Die Deutsche Nationalbibliothek verzeichnet diese Publikation
in der Deutschen Nationalbibliografie; detaillierte bibliografische Daten sind im Internet über http://dnb.dnb.de abrufbar.

Lektorat: Margret Budde
Umsetzung: Jonas Budde

Herstellung und Verlag: BoD – Books on Demand, Norderstedt

ISBN: 978-3-7562-1858-5

Für meine Enkeltochter
Carla Johanna anlässlich
ihrer Taufe im Juni 2022

Inhalt

wissen – verstehen – verantworten

Menschenbild

VORWORT

In einer Welt, die für viele Menschen immer komplexer und komplizierter sowie immer undurchschaubarer und unberechenbarer geworden ist, wird der Ruf nach Orientierung und Halt sowie nach Neuanfang und Erneuerung lauter. Auch sehnen sich viele nach einer lebendigen Quelle sinnstiftender Kraft, einem ethischen Kompass hilfreicher Leitlinien sowie nach einem alltagstauglichen Florett kritischer Vernunft, um im großen und kleinen Durch-, Neben- und Gegeneinander das ganze Leben besser und neu wahrnehmen und bewältigen zu können. Dabei kann es helfen, eine gemeinsame Vision zu entwickeln.

Eine Vision – eine Vorwegnahme der Zukunft – muss keine unrealistische Schwärmerei und auch keine Moralkeule sein. Die Vision einer weltweiten zivilisierten Kultur – unabhängig von Religion oder Weltanschauung – kann vielmehr schon jetzt starke Menschlichkeit mobilisieren und wehrhafte Lebensgeister wecken: Sich selbst und seine Mitmenschen vor Hass und Lüge, Doppelmoral und Heuchelei, Gewalt und Unrecht zu verteidigen; vor allem unschuldige und wehrlose Menschen vor Brutalität und Bosheit zu schützen und ihnen beizustehen, damit sie frei und sicher, souverän und glücklich leben können.

Die Entwicklung einer weltumspannenden Vision fängt bei jedem einzelnen an:

Würdevoller zu leben, indem die angeborene Würde sowie die angeborene Freiheit anderer so geachtet werden, wie man selbst geachtet und behandelt werden will.

Gerechter zu leben, indem Lebenschancen für alle gesucht und unterschiedliche Leistungen anerkannt werden; dem Schwachen zur Selbsthilfe, dem Hilflosen solidarisch geholfen wird; die Folgen des Handelns stets für die Mit-, Umwelt- und Nachwelt mitbedacht werden.

Wahrhaftiger zu leben, indem Wahrheiten und Kompromisse, Lösungen und Optionen immer wieder neu und fair gesucht werden, die Kluft von Sein und Schein glaubwürdig überwunden wird.

Toleranter zu leben, indem Unterschiede und Vielfalt im Rahmen geltender Gesetze geachtet werden, Person und Sache unterschieden sowie die Entwicklung der Persönlichkeit ermöglicht wird.

Taktvoller zu leben, indem Rücksicht auf die Gefühle und die persönliche Situation anderer Menschen genommen wird; durch kulturelle Umgangsformen menschliches Format entstehen kann.

Barmherziger zu leben, indem Neuanfänge gewagt und Verantwortungen wahrgenommen werden, weil kein Mensch perfekt, eine austauschbare Ware oder ein zu funktionierender Automat ist.

Leidenschaftlicher zu leben, indem für das richtig Erkannte, das aktuell Notwendige, das langfristig Gebotene zugleich mutig und besonnen, tapfer und klug, stark und verantwortungsbewusst gekämpft wird.

Die gelebte Vision überwindet sowohl ein rein effizientes oder gleichgültiges Durchwursteln als auch ein unberechenbares oder machtsüchtiges Durcheinander. Sie vermittelt Haltung, Halt und Zusammenhalt, bremst Unmenschlichkeit und fördert ein zivilisiertes Miteinander mitten in allen Realitäten.

Das vorliegende Buch versucht, einen kleinen Beitrag zu einer gemeinsamen Vision, zur christlichen Bildung, zur Kritik-, Unterscheidungs- und Urteilsfähigkeit, zum besseren Verstehen *unter*einander, zum besseren Verständnis *für*einander und zur besseren Verständigung *mit*einander im Blick auf gemeinsame und unterschiedliche Traditionen und Positionen, Sichtweisen und Perspektiven zu leisten.

Das Buch bietet keine wissenschaftliche und umfassende Darstellung zum Beispiel im Blick auf die Geschichte der Besonderheiten der Konfessionen, wohl aber aus subjektiver und selektiver Sicht klassische Anknüpfungspunkte sowie persönliche Denk- und Diskussionsanstöße. Auch sind wegen des begrenzten Rahmens des Buches andere Religionen und Weltanschauungen nicht zu Worte gekommen.

Anlass für die Sammlung und Deutung der vorliegenden Texte im kirchlichen Zusammenhang ist die grundlegende Einsicht, dass strukturelle Änderungen einer äußeren Gestalt ohne eine kritisch-konstruktive und aufrichtige Auseinandersetzung mit unterschiedlich gewachsenen Grundüberzeugungen aktivistisch ins Leere laufen können. Eine glaubwürdige Rundumerneuerung jedoch, zu der auch das geistliche Leben gehört, wird nach den Ursachen der offenen oder versteckten Konflikte und Spannungen fragen, sie benennen, betrachten, abzubauen oder neu zu gewichten versuchen, damit das als „vernünftig Erkanntes" und „geistlich

Geschenktes" auf neuen Wegen gemeinsam erlebbar werden kann.

Ein weiterer Anlass, das Buch zu verfassen, ist die Taufe meines zweiten Enkelkindes *Carla Johanna*. Meine Frau und ich freuen uns sehr, dass Christen unterschiedlicher Konfessionen an dieser Feier teilnehmen. Alle sind tolerant und achten sich gegenseitig. Die „Chemie" stimmt.

Überhaupt: Katholiken und Protestanten, aber auch Nichtchristen können miteinander befreundet, verheiratet, glücklich sein, auch religiöse Herausforderungen fair meistern und miteinander fröhliche Feste des Glaubens feiern, wenn sie keine festen Vorbehalte und selbstgerechte Vorurteile haben, vor allem wenn sie Person und Konfession, Überzeugung und Zugehörigkeit voneinander trennen oder sogar als gegenseitige Bereicherung erleben können. Gemeinsam sollte allen sein: Wichtiger als Konfession oder Religion ist die aufgeklärte Freiheit in Würde und Menschlichkeit, seinen Erfahrungs- und Erlebnishorizont ständig zu erweitern, zu vertiefen und zu erneuern – übrigens ganz im Sinne Jesu, der auf den Gastgeber aller kirchlichen Feiern hinweist, den dreieinigen Gott, der alle Gäste, auch Suchende und Zweifelnde, Gewisse und Enttäuschte, Geprägte und Neugierige willkommen heißt. Und für unvorhersehbare Überraschungen der Liebe und für neue Wunder im Glauben immer gut ist.

Wer mehr wissen und erfahren will, ist zur Lektüre dieses Buches herzlich eingeladen.

Burkhard Budde

DIE GESCHICHTE DER ZWILLINGE

Eine Mutter gebar im 16. Jahrhundert Zwillinge.

Der *eine* Zwilling diente nicht nur der Mutter, sondern identifizierte sich mit ihr so stark, dass er behauptete, selbst die Mutter zu sein, die sich leider immer mehr von ihrem ursprünglichen Wesen entfernt hatte. Der Zwilling ließ Ablassbriefe verkaufen, um vor allem Geld für den Neubau einer großen Kirche zu bekommen. Den Käufern wurde jedoch etwas anderes erzählt: *„Sobald der Gülden im Becken klingt im huy die Seel im Himmel springt."* Der Zwilling, der glaubte, dass er bei seiner Weihe – einer Art rituellen Heiligung zum Dienst an der Mutter - einen einzigartigen „unverlierbaren Charakter" erhalten habe, fühlte sich den anderen Menschen immer überlegener und unantastbarer und handelte immer willkürlicher und missbräuchlicher.

Dass gefiel dem *zweiten* Zwilling überhaupt nicht. Scharf kritisierte er das Täuschungsmanöver sowie das „Profitmodell" des anderen Zwillings, das *„Beten, Bereuen und Bezahlen"* und die *„Heuchelei, Verdummung und Geschäftemacherei."* Der Streit eskalierte: Der eine wurde als „Antichrist" bezeichnet, der andere als „Ketzer" – und aus der Gemeinschaft ausgeschlossen.

Der zweite Zwilling, der ausgeschlossene Kritiker, wollte das Familienband nicht zerstören, sondern die Gemeinschaft mit seinem Mitzwilling von dem ursprünglichen Verständnis der gemeinsamen Mutter her erneuern. Sein Mitzwilling jedoch verstand sich als „Heiliger Vater", der die alleinige Deutungshoheit im Blick auf die Auslegung der Bibel beanspruchte, der zentralen Urkunde der Mutter von Anfang an. Er forderte als allererster „Diener der Diener Gottes" unbedingten Gehorsam gegenüber sich und seiner Macht.

Der ausgestoßene Zwilling dachte nicht daran, vor dem „Heiligen Vater" in die Knie zu gehen. Er warf ihm vielmehr vor, seine neuen Lehren mit der Botschaft der Bibel zu verwechseln. Denn nicht durch die Vermittlung des „Heiligen Zwillings" komme ein Mensch in ein Verhältnis zu Gott, sondern durch den persönlichen Glauben an den lebendigen Gott der Bibel. Gott selbst bringe das gläubige Herz zum Schlagen. Der Schlachtruf des zweiten Zwillings lautete deshalb: „Allein die *Schrift*" („Sola scriptura"), weil nur die Bibel den Funken neuen Lebens kenne. „Allein durch *Gnade*" („Sola gratia"), weil nur durch die Gnade Gottes der Funke neuen Lebens geschlagen werden könne. „Allein durch den *Glauben*" („Sola fide") und „Allein durch *Christus*" („Solus christus"), weil nur durch den Glauben an Christus der Funke neuen Lebens einen Flächenbrand der Liebe und der Hoffnung auf Erlösung auslösen könne.

Dass sein Mitzwilling durch seine Weihe einen „unverlierbaren Charakter" der unnahbaren Abgehobenheit vom gläubigen Mitmenschen bekommen habe, sei biblisch nicht begründbar. Und dass das geistliche Amt nicht mit der Stimme und dem Willen Gottes verwechselt werden dürfe, dessen war er sich sicher. Überhaupt werde im Namen Gottes die menschliche Freiheit zur persönlichen Verantwortung durch Gehorsamsforderung eingeschränkt und manipuliert. Die Weihe schaffe vor allem einen „unversöhnlichen Zwiespalt" zwischen Geweihten und Nichtgeweihten und begünstige ein hierarchisch- willkürliches und scheinheilig-missbräuchliches Handeln. Und darüber hinaus: Seien nicht alle Gläubige durch ihren Glauben an Gott „Geweihte", die zur „Mutter Kirche" und zum Gottesvolk gehörten? Und einen direkten Draht zu Gott hätten?!

Aber der Mitzwilling, der „Heilige Vater", kämpfte um seine Macht. Und baute sie aus. Auf einer Versammlung mit seinen Anhängern im 16. Jahrhundert bekam die alte Tradition neben der Bibel einen besonders autoritativen Charakter, um sein Auslegungsmonopol zu stärken. Eine zweite Versammlung <u>1869/1870</u> unterstrich, dass der „Heilige Vater" mit seinem eigenen Profil und seiner höchsten Rechtsgewalt überall und immer das letzte Wort habe und dass er Lehren des Glaubens und der Moral als unfehlbar bestimmen könne, wenn er „ex cathedra" - „von seinem Sitz aus" - kraft seines Lehramtes spreche. Eine dritte Versammlung, die von <u>1962 bis 1965</u> dauerte, relativierte zwar die Macht des „Heiligen Vaters", indem seine leitenden Mitarbeiter – die Bischöfe -, die durch die zweite Veranstaltung total entmachtet worden waren, „kollegiale Vollmacht" zugesprochen bekamen - aber nur unter Vorbehalt, immer nur in der Gemeinschaft mit dem „Heiligen Vater", dessen „Unfehlbarkeit" und „Vorrangstellung" unangetastet blieben.

Viele Jahre stritten sich die Zwillinge, gingen rechthaberisch und besserwisserisch in Stellung, waren aggressiv und verurteilten sich gegenseitig. Viele Jahre lebten sie gleichgültig oder hochnäsig nebeneinander her und taten so, als wären sie füreinander Luft. Als der weltliche Gegenwind jedoch durch Aufklärung und Entfremdung immer stärker wurde, wurden sie ein wenig durch- und wachgerüttelt und lebten viele Jahre miteinander auf dem kleinsten gemeinsamen Nenner. Sie sprachen von gelebter Gemeinschaft und von vielen

Gemeinsamkeiten. Aber durchs Feuer inhaltlicher Auseinandersetzungen im Blick auf ihr Selbst- und Amtsverständnis gingen sie nicht. Grundsätzliche Unterschiede wurden unter den Teppich gekehrt, wo sie ein unsichtbares sowie immer größer werdendes Eigenleben führten. Und merkten beide nicht, dass ihre gemeinsame Mitwelt sie immer häufiger links liegen ließ.

Eines Tages gab es ein großes Erdbeben. Skandale, Missstände und Straftatbestände im Raum der Zwillinge wurden bekannt und erschütterten ihre bislang abgeschirmte Sonderwelt, vor allem ihre Glaubwürdigkeit. Politisierung und Moralisierung der eigenen Botschaft sowie „weltlicher Angelegenheiten" hatte ohnehin viele genervt. Systematischer Etikettenschwindel und persönliche Scheinheiligkeit, einmal durchschaut, wurden mit Unverständnis und Empörung vor allem der Gläubigen quittiert. Eine Abstimmung mit den Füßen, aber auch eine demonstrative Abkehr von den Zwillingen fand statt. Wer wollte sich noch offen und öffentlich zu den Zwillingen bekennen? Immer mehr Gläubige der Mutter der Zwillinge fragten sich, ob es nicht auch ein geistig-geistliches Leben ohne die Zwillinge gebe? Und bei manchen Gläubigen wurde der Glaube selbst durch die Würdelosigkeit der Geweihten und durch deren Missbrauch ihres Vertrauens zerstört.

Auch die Mutter der Zwillinge war entsetzt über das Verhalten ihrer Kinder. Eines Tages hatte sie einen Traum.

Die Zwillinge stritten wie Hähne: Wer von uns ist der Größte? Wer hat das Sagen? Wer wird von der Mutter am meisten geliebt? Wer ist erfolgreicher im Kampf um Macht und Einfluss, Geld und Status, Wertschätzung und Anerkennung?

Um sie herum waren Zuschauer. Einige konnten sich über ihre Streiterei köstlich amüsieren. Das ehrsüchtige Macht- und Statusgehabe der Zwillinge im Gewand des Bescheidenen und Demütigen wirkte komisch, ja peinlich angesichts ihrer Ahnungs- und Bedeutungslosigkeit. Andere Zuschauer schüttelten wegen des inszenierten „Schattenboxens" auf offener Bühne nur den Kopf, entfernten sich und besuchten lieber „richtiges Theater". Wieder andere feuerten die Streithähne an. Sie hatten es schon immer gewusst: Beide seien nur für Unterhaltung gut, in Wirklichkeit aber „flüssig", überflüssig, weil sie durch ihre unverständliche Selbstbeschäftigung und unbegreifliche Selbsterhöhung schon lange ihre Glaubwürdigkeit verloren hätten.

Manche der Zuschauer waren jedoch auch sehr traurig, tief betroffen und einfach sprachlos; wieder andere zornig: Warum kümmerten sich die Zwillinge nicht um den frohmachenden und sinnstiftenden Auftrag ihrer Mutter, der unverwechselbar und unvertretbar war, vor allem dem Leben aller diente?! Manche Zuschauer forderten wohl deshalb eine Rundumerneuerung. Und hatten Tränen in den Augen.

Da erschien im Traum ein weiser Mann, den sie beide kannten. Den fragten die Streithähne: *„Wer ist der Größte von uns?"* Der antwortete: *„Wenn einer unter euch der Erste sein will, der soll der Letzte von allen und aller Diener sein."* Die Zwillinge verdrehten ihre Augen.

Dann stellte der Mann überraschend ein Kind in ihre Mitte und fügte hinzu: *„Wenn ihr nicht umkehrt und werdet wie dieses Kind, dann könnt ihr mich und eure Mutter nicht verstehen."*

Die Zwillinge schwiegen verdutzt, wollten gerade anfangen, ihre Hahnenkämpfe klein und schön zu reden, als sie langsam ins Denken kamen: Meint er, dass wir *so* klein wie ein Kind sind, *so* hilfsbedürftig und auf Liebe angewiesen, *so* abhängig, *so* vertrauensvoll auf Vertrauen angewiesen?

Da fügte der Mann noch etwas Erschütterndes hinzu: *„Wer diesen Kleinen, die an mich glauben, Ärgernis gibt, dem wäre es besser, dass ein Mühlstein an seinen Hals gehängt wird..."*

Jetzt fiel es beiden Zwillingen wie Schuppen von den Augen:

Jesus hatte zu ihnen gesprochen, der am Anfang ihrer Mutter gewirkt hatte.

Und als Jesus den Ort verlassen hatte und nicht mehr zu sehen war, wurden Mutter und Zwillinge wach. Und sahen klarer, weil sie der Wahrheit durch den Glauben an Jesus Christus auf der Spur waren:

Als einzigartiger Geber der Botschaft ihres Glaubens war er und ist Schöpfer und Sinngeber ihrer Existenz. Als bleibender Gastgeber aller ihrer Feiern und Angebote ist er selbst Ursprung, Mitte und Ziel ihres Lebens. Als befreiender und zugleich versöhnender Geist will er in allen seinen Gästen wirken.

Die Zwillinge beschlossen, geistlich erwachsen zu werden, aus Hochmut ehrliche Demut und aus Herrschaft aufrichtigen Dienst werden zu lassen, das Trennende zu überwinden und das Gemeinsame zu erneuern.

In Zukunft sollte die biblische Botschaft die gemeinsame Quelle ihrer Inspiration, der gemeinsame Kompass ihrer Ethik und das gemeinsame Florett ihrer kritischen Vernunft sein, damit in ihrer versöhnten Gemeinschaft das jeweils Eigene und Originelle als bereichernde Fülle beachtet und geachtet und vielleicht sogar erneuert werden könne.

Die Zeit war wohl reif, die Flucht vor der Botschaft Jesu und die Selbstbespiegelung zu beenden und der Frucht der froh- und neumachenden Botschaft Jesu bei sich selbst und in Beziehung zum Gegenüber sowie zur Mitwelt eine Chance zum Wachsen zu geben.

BRIEF AN ALLE, DIE AUF DER SUCHE NACH RELIGIÖSER ORIENTIERUNG SIND

Das Neugeborene als Motor der Hoffnung

Schwärmen ist erlaubt: Ein Wunderwerk, das das Licht der Welt erblickt hat, verzaubert die Herzen und lässt sie – bei aller Coolness – höher schlagen. Mit großen Augen schaut Carla die glückliche Mutter an. Mit ihrem süßen Mund und ihrer niedlichen Nase fasziniert sie den erleichterten Vater. Mit ihren leicht geöffneten Händchen und ihrer samtenen Haut schlägt sie die ältere, vor allem stolze Schwester in einen prickelnden Bann. Sie verzaubert jeden, der in ihre Nähe kommt. Ein Zauber wohnt in diesem sanften und unschuldigen sowie einzigartigen und unverwechselbaren Geschöpf.

Schwärmen schließt reflektierte Wahrnehmung nicht aus: In einer entzauberten Welt braucht dieser Zauber Ehrfurcht *vor* dem Leben, Neugierde *auf* das Leben und Zuversicht *im* Leben, aber auch leidenschaftliche Verantwortung *für* das Leben.

Die Ehrfurcht vor dem Leben, die angesichts der Geburt eines Menschen bei vielen Mitmenschen geweckt wird, ist mehr als ein seelisches oder ein frommes Gefühl. Diese gemischte und vermischte Bewegung des Gemütes und des Körpers erinnert den Kopf an den Ursprung, aber auch an die Endlichkeit allen Lebens und lässt das Herz demütig und dankbar für das Leben schlagen.

Carla ist ein lebendiges Zeichen der Hoffnung des Erwachsenen, den Schreien, Trinken, Verdauen, Schlafen, ihre Abhängigkeit und Hilflosigkeit sowie ihre Bedürftigkeit nach vielen Kuscheleinheiten nicht gleichgültig lassen. Der nicht abhebt, sondern gerne auf dem Teppich der Realitäten bleibt, weil es auch um seine sinnstiftende Zukunft geht. Der für das Kind sorgt, es umsorgt und Vorsorge trifft, vor allem Wärme, Halt, Orientierung und Freude schenkt. Der mit dem Kind lernt, dazulernt, das Kind prägt und von ihm geprägt wird. Der die Wandlung gemeinsamen Lebens bewusst wahrnimmt – und die spannende Entwicklung des Kindes begleitet, in Geduld und Liebe, mit verantwortbaren Experimenten und notwendigen Grenzsetzungen.

Eltern, Geschwister, Großeltern sowie Verwandte und Freunde können das Neugeborene einfach lieb haben, besonders wenn es Interesse an ihren Gesichtern zeigt, erwartungsvoll blickt, die Zunge bei aufregenden Dingen ausstreckt, vor allem – eine weitere beglückende

Erfahrung – wenn das Lächeln eines Erwachsenen mit einem noch viel schöneren und intensiveren Lächeln erwidert, „kostenlos" und „bedingungslos" geschenkt wird. Erwachsene verspüren durch das Neugeborene: Das Leben ist mehr als eine nüchterne Fußnote der eigenen Familiengeschichte. Das Leben verschwindet nicht einfach in einem anonymen Gedächtnisloch. Das Leben geht weiter – mit und durch das Kind, das ein lebensbejahender und frohmachender Motor der Hoffnung ist.

Hoffnung in der Zeit der Pandemie und des Krieges in der Ukraine

Carla ist in einer bewegten Zeit geboren. Im Februar 2022 befindet sich die ganze Welt seit etwa zwei Jahren in einer Pandemie, einer weltweiten Epidemie, einer ungewöhnlich häufigen Erkrankung. Der erste Corona-Fall in Deutschland wurde am 27. Januar 2020 in Bayern gemeldet. Ein Mann hatte sich offensichtlich bei einer Kollegin aus China mit den äußerst ansteckenden Coronaviren infiziert, die insbesondere eine Lungenentzündung mit Blutvergiftung verursachen und zum Tode führen können. Die Krankheit wird als Covid-19 bezeichnet. Sein Ursprung erscheint umstritten: Durch eine Zoonose, eine vom Tier übertragene Infektionskrankheit, von Fledermäusen über Schuppentiere auf den Menschen? Durch einen Laborunfall bei einer Probenentnahme in Wuhan in China im Herbst 2019?

In der Geschichte der Menschheit hat es schon viele Pandemien gegeben. Zum Beispiel den *„Schwarzen Tod"* von 1348 bis 1351, bei dem ein Viertel bis ein Drittel der Bevölkerung Europas gestorben ist. Oder die *Pest*, die besonders Wien viele Jahre heimsuchte und 1713 ihren Höhepunkt erreichte. Oder die *Spanische Grippe*, die sich in drei Wellen – die erste mitten im Ersten Weltkrieg – ausbreitete, weltweit zwischen 27 bis 50 Millionen Menschen tötete und erst 1920 endete. Nicht zu vergessen sind die sechs *Cholerapandemien*, die sich im 19. und frühen 20. Jahrhundert über infiziertes Trinkwasser ausbreiteten. Der „blaue Tod" trat schnell und bei vollem Bewusstsein ein.

Erinnern kann ich mich noch an die *Polio-Epidemie* - „Kinderlähmung" - in Deutschland, von der ich als Kind – geboren bin ich 1953 - selbst betroffen war. 1961 wurde der Erreger durch die Einführung der Schluckimpfung, des Lebendimpfstoffes, nachhaltig zurückgedrängt. Mein Krankenhausaufenthalt war nicht „süß", aber meine Rettung. Und das Stück Würfelzucker mit dem Impfstoff und dem Immunisierungsprogramm auch das Ende meines persönlichen (Er-)Schreckens, aber auch das Ende des Bangens meiner Eltern und Geschwister.

In der Corona- Pandemie wird gegenwärtig versucht, durch die schnelle Entwicklung und Produktion von Impfstoffen und Medikamenten aktiv gegen die Pandemie zu steuern. Viele offene Fragen stehen im Raum: Werden weitere Wellen mit neuen Virusvarianten und neuer Dynamik folgen? Wird das Gesundheitssystem auf Dauer überfordert? Wird man die Infektionen weltweit in Schach halten können? Wird das Virus als ungebetener Gast vertrieben? Oder ein ständiger Mitbewohner der Menschheit bleiben?

Wird die Impflücke geschlossen werden können - mit Überzeugungsarbeit, einer guten Organisation, mit Pflicht, mit Zwang? Oder haben Leugner oder Impfmuffel das letzte Wort? Wird das Virus als Gleichmacher im Blick auf die Krankheit und zugleich als Ungleichmacher im Blick auf die möglichen Unterschiede im Umgang mit dem Virus die gesellschaftlichen Gräben vertiefen? Wird der Zusammenhalt der Gesellschaft durch eine ideologische Instrumentalisierung der Pandemie so geschwächt, dass die liberale und pluralistische Demokratie gefährdet ist? Werden die Jüngeren später die (Schulden-) Lasten tragen können, die schon jetzt einen hohen sozialen und beruflichen, seelischen und materiellen Preis zahlen?

Keiner kennt die Zukunft; auch kann keiner einen Königsweg ohne Opfer und Risiko benennen. Und doch geht es alle etwas an, wenn es um den Schutz und Erhalt von Leben, Gesundheit und Freiheit geht: Andere werden gefährdet von denen, die sich selbst nicht schützen, weil angesichts des Virus, das alle Grenzen unterläuft, der Körper des Einzelnen kein Privateigentum mehr ist. Und die Gesundheit kein schützendes Gut neben der Grundfreiheit mehr darstellt, die an der Freiheit des anderen ihre Rechtfertigungsgrenze findet, sondern Bedingung und Teil der individuellen Freiheit ist, die es nicht ohne (Eigen-) Verantwortung gibt.

Liebe Carla, wenn du diese Zeilen liest, werden viele Jahre vergangen sein. Und hoffentlich auch die Pandemie, die jedoch ein bleibendes Lernpotential behält: Die Natur ist zwar von Gott geschaffen, aber sie wird nicht von Gott korrigiert oder gar instrumentalisiert, um Menschen zu ändern. Wohl aber hat Gott die Natur in die Hände von vernunftbegabten Menschen gelegt, die

Teil der Natur sind und bleiben, damit die Natur vom Menschen klug und weise bewahrt und gestaltet wird. Die Pandemie ist bestimmt keine Strafe Gottes, wohl aber kann sie ein Weckruf Gottes sein, dass der Mensch seine Verantwortung nicht vergisst, sie nicht hin und herschiebt, sie auch nicht durch Regeln und Gesetze ersetzt, sondern sie vor seinem Schöpfer nachhaltig und rücksichtsvoll sowie schöpfungs- und menschengerecht wahrnimmt.

Liebe Carla, kurz bevor ich das Buch abschließen wollte und die Herausforderungen der Pandemie langsam ihre schlimmsten Schrecken zu verlieren begannen, erschütterte ein weiteres unfassbares und unbegreifliches Erdbeben die Sicherheitslage auf der ganze Welt: Der russische Präsident Wladimir Putin gab am 24. Februar 2022 eine Kriegserklärung ab und begann einen brutalen Angriffskrieg Russlands gegen die Ukraine.

Putin, der Auftraggeber von Verbrechen gegen die Menschlichkeit, dessen Amt aber kein Freibrief für Verbrechen ist, begründete den Krieg u.a. damit, dass es Versuche gebe, *„unsere traditionellen Werte zu zerstören und uns ihre Pseudowerte aufzuzwingen, die uns, unser Volk, von innen heraus zersetzen."* Diese westlichen Werte würden zu *„Degradierung und Entartung führen, da sie gegen die menschliche Natur selbst gerichtet sind."*

In der Volksrepublik Donezk und der Volksrepublik Luhansk gebe es einen *„Völkermord"* und deshalb sei der Beschluss gefasst worden, eine *„besondere militärische Operation"* durchzuführen. Ihr Ziel sei es, die Menschen zu schützen, die seit acht Jahren von dem Kiewer Regime misshandelt und ermordet würden. Und zu diesem Zweck würde Russland sich um die *„Entmilitarisierung und Entnazifizierung der Ukraine"* bemühen. Anderen Staaten drohte er bei Einmischung mit Konsequenzen, *„wie nie zuvor in der Geschichte".*

In Wahrheit ist die 1991 gegründete Ukraine mit der Hauptstadt Kiew und mit etwa 44,13 Millionen Einwohnern sowie einer Fläche von 603.548 km^2 ein selbstständiger Staat mit einer parlamentarisch-präsidialen Ordnung, der mit seinem Präsidenten Wolodymyr Selenskyj souverän und unabhängig bleiben und Mitglied der Nato – ein Verteidigungsbündnis sowie eine Werte- und Rechtsgemeinschaft von 30 freien demokratischen Staaten - sowie der Europäischen Union – ein Staatenverbund von 27 unabhängigen europäischen Staaten bzw. eine Werte-, Friedens-, Wirtschafts- und Rechtsgemeinschaft mit insgesamt etwa 450 Millionen Einwohnern - werden möchte.

Im Jahr 2014 hatte Russland bereits die ukrainische Halbinsel Krim mit Gewalt – mit einer verdeckten Intervention der Streitkräfte der Russischen Föderation - zu einem Teil Russlands gemacht, die territoriale Integrität – insbesondere die Achtung der bestehenden Grenzen der Ukraine – und das Völkerrecht missachtet. Die UN-Generalversammlung bekräftigte im Jahr 2016 die Nichtanerkennung der Annexion der Krim und verurteilte *„die vorübergehende Besetzung"*.

Im Jahr 2022 wurde die UN-Charta durch den Angriffskrieg gegen die ganze Ukraine erneut verletzt. Mit der kriegerischen Invasion eines ganzen Landes wurden gleichzeitig nukleare Schläge angedroht, wenn ein anderes Land der angegriffenen Ukraine zu Hilfe kommen sollte.

Noch während der Dringlichkeitssitzung des Sicherheitsrates zur Verhinderung des Krieges am 23. Februar (New Yorker Zeit) war der Angriffsbefehl Putins erfolgt.

Auf der UNO-Generalversammlung am 2. März 2022 wurde der Krieg Russlands gegen die Ukraine verurteilt. In der verabschiedeten Resolution forderten 141 der

193 UNO-Mitgliedstaaten Russland zu einem *„sofortigen Waffenstillstand"* auf sowie zu einem *„sofortigen, bedingungslosen und vollständigen Rückzug"* seiner Streitkräfte aus der Ukraine. Die internationale Gemeinschaft bekannte sich zur Souveränität, Unabhängigkeit, Einheit und territorialen Integrität der Ukraine. Gegen die Resolution stimmten neben Russland Belarus, Syrien und Eritrea. 35 Staaten – darunter China, Indien, Iran, Kuba, Venezuela und Nicaragua - enthielten sich.

Der Gewaltherrscher Putin ist getrieben von einem hasserfüllten Missionsrausch, alte Sowjetverhältnisse wieder herzustellen. Eiskalt betreibt er mit Täuschungsmanövern und einer Lügenpropaganda sowie einem völkerrechtswidrigen militärischen Vorgehen die Unterwerfung der „russischen" Ukraine. Der autoritäre Herrscher scheint eine panische Angst vor der Demokratie mit ihrer Gewaltenteilung, ihrer Rechtsstaatlichkeit und ihren unabhängigen Medien zu haben. Das neue Gesetz gegen die Verbreitung von „Falschmeldungen" vom 4. März 2022, das ausdrücklich auch auf Ausländer angewandt werden soll, zerstört die letzten Möglichkeiten einer freien und unabhängigen Berichterstattung sowie der Meinungsfreiheit russischer Bürger. Es drohen 15 Jahre Haft, wenn der offiziellen Darstellung der Aktivität der russischen Streitkräfte widersprochen wird. Nicht von Strafe bedroht, so Berthold Kohler in der F.A.Z. vom 8.3.2022, ist „nur noch das Nachbeten der Propaganda". Die Gleichschaltung der russischen Medien mit den Zensurgesetzen des Putin-Regimes offenbart „die Angst im Kreml vor der Wahrheit." Aus einer autoritären Herrschaft ist eine diktatorische Herrschaft mit totalitärem Charakter geworden, aus einem verbrecherischen Angriffskrieg eine russische „Spezialoperation."

Zynisch spielt Putin mit dem nuklearen Feuer sowie mit einer Atomkraftkatastrophe, um mit Ängsten in ganz Europa eine Entsolidarisierung mit der Ukraine zu erreichen.

In der Ukraine gibt es bereits viele Opfer zu verzeichnen, getötete, sterbende, verletzte und leidende Menschen, darunter viele Kinder, Frauen, alte und kranke Menschen, sowie immer mehr Flüchtlinge. Die Absicht der Vertreibung angesichts des großrussischen Wahns Putins erinnern, so Jasper von Altenbockum in der F.A.Z. vom 7.3.2022, an die „ethnischen Säuberungen" im ehemaligen Jugoslawien. Humanitäre Korridore dienten wieder nicht nur der Rettung, sondern auch der „geordneten" Vertreibung. „Bleiben oder wiederkommen sollen nur diejenigen, die „russisch" sind", so der F.A.Z. Redakteur.

Eine geschichtliche Katastrophe bahnt sich an. Die stalinistischen und nationalistischen Gewalttaten gleichen immer mehr Putins Kriegsverbrechen, indem Putin bewusst und gezielt Wohnhäuser, Krankenhäuser und Zivilisten angreifen lässt. Ob die Menschen in der Ukraine allein für die „gesamte freie Welt" kämpfen (müssen); der freie Westen auf Dauer nur weinen und klagen, appellieren und bitten, politische Solidarität zeigen, wirtschaftliche Sanktionen ergreifen, Verteidigungswaffen zur Verfügung stellen kann? Ohne die Rolle des „aktiven" Zuschauers zu verlassen? Oder wird der Völkermord die Entscheidung erzwingen, die Rolle des „aktiven" Friedensstifters mit kühlem Kopf und strategischem Denken einzunehmen, sich zum Beispiel für eine Flugverbotszone über dem ukrainischen Himmel einzusetzen? Reinhard Müller kommentiert: „Alle Staaten sind dazu verpflichtet, überall Völkermord zu verhindern. Daraus folgt aber keine Pflicht zum militärischen Eingreifen. Es gibt ein Recht zur individuellen und kollektiven Selbstverteidigung, aber keine Pflicht." Umso wichtiger bleibt, so der Redakteur, eine unmissverständliche Haltung zu Russlands Rechtsbrüchen. „Neutralität verbietet sich."

Die katholischen Bischöfe schreiben in einer Erklärung der Deutschen Bischofskonferenz: Deutsche Waffenlieferungen an die Ukraine seien ethisch vertretbar, weil sie dazu dienten, dass das angegriffene Land *„sein völkerrechtlich verbrieftes und auch von der kirchlichen Friedensethik bejahtes Recht auf Selbstverteidigung wahrnehmen kann, grundsätzlich legitim."* In einem Kommentar zur Bischofskonferenz weist Daniel Deckers darauf hin, dass die Bischöfe schneller in der Wirklichkeit angekommen seien als manche ihrer evangelischen Kollegen; beide müssten sich jedoch fragen lassen, ob sie mit ihrer jahrzehntelangen Diskreditierungen von Rüstungsanstrengungen sowie der Glorifizierung einer postheroischen Gesellschaft im Namen christlich gebotener Gewaltlosigkeit nicht genau jene Gesinnungen gefördert haben, die die deutsche Politik blind gemacht haben für die Abgründe der Realpolitik."

Annette Kurschus, Ratsvorsitzende der Evangelischen Kirche in Deutschland (EKD), vertritt in einem Interview mit Martin Korte in der Goslarschen Zeitung vom 7.3.2022 die Meinung, dass die Ukrainer *„mehr als unser Mitgefühl und unsere Gebete"* brauchen. Sie hätten das

Recht, sich zu verteidigen. *„Wer bin ich, ihnen ins Gesicht zu sagen, sie sollten dazu Pflugscharen benutzen"*, so die leitende Theologin, die allerdings auch betont, *„dass Waffen grundsätzlich kein Mittel sind, die den Frieden bringen."* Sie setze angesichts der „Dilemma- Situation" „weiterhin auf Diplomatie und möglichst wenig Waffen."

Ob sich jedoch Putin von „weniger Waffen" beeindrucken lässt - ein rücksichtsloser Machtmensch mit brutaler Maßlosigkeit im Krieg, mit seinem größenwahnsinnigen Staatskult, mit seinem Überwachungsstaat inklusive Totalkontrolle der Medien?

Widersprechen werden vielleicht geblendete Putin-Versteher oder getäuschte Putin-Verehrer oder gedrillte Putin-Freunde, die mit geschichtsklitternder Verehrung und Verklärung ihr Gewissen beruhigen, um nicht auf ihre Vorteile, die sie durch die „Putin-Freundschaft" haben, verzichten zu müssen.

Und welche Meinung vertritt die russisch-orthodoxe Kirche? In der F.A.Z. vom 5. März 2022 weist Heike Schmoll darauf hin, dass Kyrill I., seit 2009 Patriarch von Moskau und damit der Vorsteher der Russisch-Orthodoxen Kirche, nicht die Russische Föderation als Angreifer des Krieges in der Ukraine benennt, sondern

„böse Kräfte" dafür verantwortlich macht. Zum „Tag des Vaterlandsverteidigers" – einen Tag vor Kriegsbeginn – hatte Kyrill Putin gratuliert und davon gesprochen, dass die russisch-orthodoxe Kirche im Kriegsdienst eine Bekundung von *„Nächstenliebe nach dem Evangelium"* erblicke. Der Mönch Kyrill, der ein Vermögen von mehreren Millionen Dollar haben soll, hält den westlichen Liberalismus für *„Teufelszeug"*, die Gleichstellung homosexueller Menschen als ein *„Zeichen für den nahen Weltuntergang"*. Mit Putin verbindet ihn, wie Heike Schmoll schreibt, ein moralisches Überlegenheitsgefühl gegenüber einem sittenwidrigen Westen, die Dämonisierung des Westens sowie die Sakralisierung der russischen Politik, um die Einheit von Autokratie, Orthodoxie und Volkstum zu stärken. Nichtsdestotrotz haben sich die drei Kirchen der Ukraine, die alle einem orthodox-byzantinischen Ritus folgen, nach dem Überfall Russlands mit dem ukrainischen Volk solidarisiert – die griechisch-katholische Kirche, die mit dem Papst verbunden ist; die Ukrainische Autokephale Orthodoxe Kirche, die unabhängig ist; die Ukrainische Orthodoxe Kirche, die moskautreu und Kyrill unterstellt ist. Gleichwohl hat Kyrill I den russischen Angriff auf die Ukraine bislang nicht verurteilt.

Die ukrainische Hauptstadt Kiew ist die Wiege der russisch-orthodoxen Kirche sowie der russischen Kultur: Im Jahre 988 begann Fürst Wladimir mit der Christianisierung der sogenannten Kiewer Rus, des alten Reiches, als er die Tochter des byzantinischen Kaisers Romanos II heiratete, die Prinzessin Anna von Byzanz. Im 12. Jahrhundert wurde – wie der Historiker Karl Schlögel in der F.A.Z. vom 12. 3. 2022 schreibt – Kiew erstmals als „Mutter aller russischen Städte" bezeichnet. Die Hauptstadt der alten Rus soll am 12.3. 1169 zerstört worden sein – der Beginn der Verlagerung des Zentrums des alten Rus in das spätere Großfürstentum Moskau bzw. den Moskauer Staat mit seiner Autokratie sowie der Entwicklung der östlichen Despotie und der Hinwendung der alten Rus nach Westen, so Schlögel.

Die Bolschewiki – die „Mehrheitler", eine Fraktion unter der Wladimir Iljitsch Lenin (1870-1924) innerhalb der Sozialdemokratischen Arbeiterpartei Russlands – hatten die Ukrainische Sowjetrepublik 1922 gegründet. Hintergrund war eine ukrainische Nationalbewegung seit Mitte des 19. Jahrhunderts, die trotz der Unterdrückung durch das zaristische Russland wuchs und auch viele Kommunisten als Anhänger hatte. Josef Stalin, Diktator der Sowjetunion von 1927 bis 1953, ließ massenhaft ukrainische Intellektuelle ermorden und führte eine Hungersnot herbei, der fast vier Millionen Menschen das Leben kostete. Reinhard <u>Veser</u> weist in seinem Artikel „Der Staat, den es nicht geben darf" (F.A.Z. vom 23.2.2022) darauf hin, dass Putin in seinem einseitigen und instrumentalisierten Geschichtsbild diese Taten Stalins verschweigt, aber dass Stalin – so Putin - versäumt habe, *„den Staat auch formal zu zentralisieren und die Sowjetrepubliken aufzulösen."* Putin kann offensichtlich nicht akzeptieren, dass die Ukraine 1991 unabhängig geworden ist, vor allem nicht die demokratischen Revolutionen in der Ukraine von 2004 und 2014 – für Putin ein *„Staatsstreich"* -, weil die Bevölkerung die Selbstbereicherung der Oligarchen hinter demokratischen Fassaden nicht länger ertragen wollte.

1994 hatten im „Budapester Memorandum" Russland, USA und Großbritannien der Ukraine ihre Unabhängigkeit und ihre territoriale Integrität garantiert, da die Ukraine ihre Nuklearwaffen an Russland übergeben hatte.

2022 hat Putin kein Interesse mehr an solchen Garantien, die er vielmehr hemmungslos und menschenverachtend mit Füßen tritt, um seine Ziele zu erreichen wie die Anerkennung der Krim als russisches Territorium,

Anerkennung der Unabhängigkeit der beiden ostukrainischen „Volksrepubliken" im Donbass und die Verankerung der Neutralität in der Verfassung der Ukraine, aber auch die Abkehr der Ukraine vom Westen und die Kontrolle durch Moskau, so Nikolas <u>Busse</u> (F.A.Z. vom 8.3.2022). Und die russischen Truppen begehen Kriegsverbrechen und Verbrechen gegen die Menschlichkeit.

Der ukrainische Außenminister Dmytro Kuleba fragt in einem Gastkommentar für WELT vom 9.3.2022: *„Besteht der Preis dafür, dass jemand in Deutschland die Augen geöffnet werden, darin, dass in der Ukraine die Augen für immer geschlossen werden?"* Und er bittet die Deutschen: *„Öffnet Eure Augen! Zweifelsohne war Hitler ein einzigartiges Übel. Aber so ein Ausmaß an Hass, Zerstörung und Trauer, wie Putin uns jetzt bereitet, kennen die Ukrainer und Europa seit den 1940er Jahren nicht."*

Ich hoffe, liebe Carla, dass spätestens mit der Veröffentlichung des Buches wieder Frieden herrscht, dass Du und viele andere Menschen – in der Ukraine und darüber hinaus – ein Leben ohne ohnmächtige Angst und unverschuldetes Leiden in Sicherheit und Freiheit führen kannst bzw. können. Und dass Putin in der Zwischenzeit zur Rechenschaft gezogen worden ist; der Krieg von Russland in der Ukraine eine absolute Ausnahmeerscheinung bleibt, weil die freien Länder die richtigen Schlüsse ziehen, wachsam und klug, verteidigungsbereit und verteidigungsfähig gegenüber autoritären und diktatorischen Staaten – für den möglichen Fall eines „unmöglichen" Falles – geworden sind. Dass der Friede wächst und zwar in Freiheit und Würde, in Gerechtigkeit und Verantwortung, vor allem in der Bindung an die Menschenrechte sowie im selbstbestimmten Glück freier und mutiger Bürger.

Besondere Herausforderungen der Kirche

Falls die Pandemie es zulässt, soll Carla 2022 getauft werden. Die Eltern setzen mit der Taufe ein mutiges Zeichen des Grund-, Gott- und Christusvertrauens, aber auch des Vertrauens in die Institution Kirche, nicht nur angesichts der Pandemie, die Vertrautes durcheinanderwirbelt, sondern auch angesichts der allgemeinen Glaubens- und Kirchenkrise. Viele Menschen fragen sich, ob nicht ein Kult der *Stärke* – der Selbstverwirklichung (ohne Gott) – wichtiger sei; oder ein Kult der *Machbarkeit* – der Selbsterhöhung (gegen Gott) -; oder ein Kult des *Moralismus* – der Selbsterlösung (anstelle Gottes).

Viele erleben eine *spirituelle Depression* und erhoffen sich (fast) nichts mehr von Gott als einen lebendigen Akteur ihres Lebens und ihrer Zeitgeschichte.

Ein getaufte Kind jedoch – und das ist insbesondere die Hoffnung der Eltern und Paten, der Gottvertrauenden - soll ein spannendes und spirituelles Leben mit dem liebendenden Gott erfahren, der durch seine Botschaft versprochen hat, unsichtbarer, aber treuer Begleiter, wachsamer Beschützer und empathischer Erneuer des Kindes zu sein.

Alle erwarten, dass die Kirche im Namen dieses Gottes einen einladenden und offenen, freien und inspirierenden sowie würdigen Raum bietet - ohne falsches Pathos oder Nötigung einer „Entscheidung", um neuen Samen sowie reife Früchte des Glaubens, der Hoffnung und der Liebe zu entdecken.

Dass die Kirche als Gemeinschaft der Gläubigen dem Kind geistlichen Rückenwind bei allem weltlichen Gegenwind gibt, damit es vor abgehobenen Menschen und allen anderen Göttern aufrecht gehen kann.

Dass das Kind sich mit den Inhalten des christlichen Glaubens konstruktiv-kritisch auseinandersetzt, damit weder Schwärmerei noch Gesetzlichkeit das Leben mit und vor Gott trüben.

Dass das Kind lernt, das inhaltliche Unterschiede zwischen den Religionen und Konfessionen keine stressigen Störenfriede sein müssen, sondern engagierte Anwälte einer differenzierten Argumentation und Betrachtungsweise sein können, um eine eigene Meinungsbildung zu ermöglichen oder mit Unterschieden tolerant und versöhnlich zu leben.

Unabhängig von diesen Hoffnungen und Erwartungen gibt es für die Kirchen große Herausforderungen: Im Jahr 2021 bezeichneten sich 28 Prozent der Bevölkerung als Mitglied der evangelischen Kirche (1995 waren es noch 37 Prozent), 25 Prozent als Katholiken (1995 noch 36 Prozent). An Jesus als Gottes Sohn glauben noch 37 Prozent der Westdeutschen (1986 waren es 56 Prozent); an die Dreifaltigkeit 27 Prozent (1986 noch 39 Prozent); an die Auferstehung von den Toten 24 Prozent (1986 noch 38 Prozent).

Die Entfremdung vieler Menschen in Deutschland vom Christentum erfolgt häufig in mehreren Phasen:

Zunächst erleben viele Christen den *Verlust wesentlicher christlicher Inhalte*, die immer weniger Bedeutung für sie haben und mit denen sie sich inhaltlich auch nicht (mehr oder neu) auseinandersetzen. Nicht selten fehlen vertrauenswürde kirchliche Ansprechpartner auf Augenhöhe, die zugleich mit Verständnis und Empathie sowie mit argumentativer und leidenschaftlicher Überzeugungskraft um eine fragende und suchende „Seele" ringen.

Es folgt der *Kirchenaustritt*; Skandale und Straftatbestände wie Fälle des sexuellen Missbrauchs von Kindern und Jugendlichen durch Priester und kirchliche Mitarbeiter mit gravierenden Aufklärungsmängeln, Vertuschungsversuchen, Desinteresse gegenüber Opferschicksalen, falsche Fürsorge für Täter, mit Doppelmoral und Lügen – aber auch die Politisierung und Moralisierung des Evangeliums - sind die berühmten Tropfen, die das Fass zum Überlaufen bringen, die die schleichende Abwendung von der Kirche beschleunigen und schließlich den Austritt aus der Kirche verursachen.

Am Ende steht die langsame *Abkehr von der christlichen Kultur*; in den Familien zum Beispiel wird immer seltener mit Kindern oder zu Tisch gebetet und es werden immer seltener kirchliche Lieder gesungen. Und wer gibt diesen Menschen dann noch Auskunft auf ihre Fragen „Wozu Religion?" und „Wozu Kirche?", wenn diese

Fragen nicht mehr gestellt werden, zugeknöpfte Gleichgültigkeit herrscht oder ein unreflektiertes „Christsein ohne Kirche" zur eigenen Grundhaltung geworden ist?

Immerhin haben Befragungen auch deutlich gemacht, dass viele – 1995 wie 2021 –, nämlich 43 Prozent der Befragten es als wichtig ansehen, Kinder religiös zu erziehen und dass christliche Wertvorstellungen für sie persönlich wichtig sind (2021 44 Prozent, 2004 46 Prozent).

Zukunft der Kirchen

Das von außen gesehen schöne Gefäß – die Institution Kirche – hat in seinem Boden offensichtlich viel zu viele große und kleine Löcher. Wenn mit dem Gefäß aus einer lebendigen Quelle erfrischendes und durststillendes Wasser geschöpft wird, geht viel Wasser auf dem Weg zum Menschen verloren. Ein neues Gefäß mit festem Boden bleibt zwar zerbrechlich und fehlerhaft, aber jeder kann mit ihm Wasser schöpfen, es selbst trinken und auch an die Menschen weitergeben, die das Wasser des Lebens aus der Quelle des Lebens noch nicht kennen.

Aber wie kann das gelingen?

Es gibt in der <u>Katholischen Kirc</u>he in Deutschland das Reformprojekt „Synodaler Weg". Die Versammlung besteht aus allen 60 deutschen Bischöfen, Vertretern des Zentralkomitees der deutschen Katholiken (ZdK) sowie der Berufsgruppen der verfassten Kirche. Auf der dritten Vollversammlung des Synodalen Weges im Februar 2022 wurde Papst Franziskus aufgefordert, im Katholischen Katechismus die Definition von „gelebter Homosexualität als schwere Sünde" zu streichen und die deutschen Bistümer sollen Segensformulare für homosexuelle Paare entwickeln. Weitere Forderungen sind insbesondere die Zulassung von Frauen zum Amt des Diakons in Deutschland, da der Papst nach dem Kirchenrecht mit Hilfe eines sogenannten „Indults" einen Gnadenerweis – einen Dispens im Einzelfall von einer Vorschrift – ermöglichen kann. Ferner soll der Papst eine Kommission einrichten, die sich mit der Öffnung des Priesteramtes für Frauen beschäftigen soll.

Thomas Jansen kommentiert in der F.A.Z. vom 7. Februar 2022 die Bischöfe, die aus ihrem „klerikalen Olymp" herabgestiegen seien, um ihre Macht gleichberechtigt mit Laien zu teilen. Begründung? Die Bischöfe „stehen mit dem Rücken zur Wand, die Gläubigen laufen ihnen in Scharen davon". Der Kommentator fragt darüber hinaus kritisch: „Ist das Projekt nicht von vornherein zum Scheitern verurteilt, weil der Vatikan nie seinen Segen zu den angestrebten Reformen geben würde?" Der neuralgische Punkt sei die Frauenfrage. Und die deutschen Bischöfe und Laien hätten versäumt, „sich auch nur in Europa Rückendeckung zu verschaffen". Das römische Narrativ laute, „dass die notorisch querulantischen Deutschen mal wieder einen Sonderweg eingeschlagen hätten." Eine Chance gebe es jedoch: Wenn eine große Zahl von Bischöfen auf einmal dem Papst ihren Rücktritt anbieten würden, „falls man ihre Anliegen in die Schublade legt".

Die katholische und die evangelische Kirche gewinnen keine Zukunft durch eine erneuerte Symbol- und Schaufensterpolitik oder durch die Erneuerung ihrer Fassaden. Hierarchien und Ämter, Herrschaft und Macht, Rituale und Gremienwirtschaft, Dienstleistungen und Angebote, öffentliche Stellungnahmen gehören auf den Prüfstand des Evangeliums, der Menschlichkeit und Christlichkeit, der Transparenz und der Verantwortung. Alle Tun und Lassen muss im Lichte des Evangeliums begründbar und nachvollziehbar sein. Alle Aufgaben

51

müssen eine friedensstiftende und dienende Funktion haben.

Ein Bischof – wie Daniel Deckers in der F.A.Z. vom 3. Februar 2022 schreibt – der die „versteinerte Grammatik der Kirchenmacht von oben" repräsentiert, ist kein „Gottbegnadeter, „dessen Tun und Lassen sich menschlichem Urteil entzieht."

Die Zulassung von verheirateten Priestern sowie von Frauen als Priester, die Abschaffung des Zölibats als eine „systemische Missbrauchsstruktur" angesichts des sexuellen Missbrauchs in der katholischen Kirche, aber auch die Begrenzung der Amtszeit von Bischöfen und die Errichtung eines „Synodalen Rats", in dem Bischöfe und Laien paritätisch und gleichberechtigt über Fragen überregionaler Bedeutung beraten und entscheiden, erscheint längst überfällig.

Christliche Kirchen müssen mehr sein als *Verwalter* eines Erbes, *Bewahrer* einer Tradition, *Funktionär* einer Organisation, *Manager* von Religion. Und auf keinen Fall sollten Kirchen sich als *Handlanger* eines Zeitgeistes oder einer Weltanschauung verstehen – auch nicht als religiöse *Einzelkämpfer*, dem sein geistlicher Auftrag, die Ökumene und Weltverantwortung zweitrangig geworden sind.

Kirche – aus der Sicht des Evangeliums – ist auch mehr sein als eine *Allerweltskirche*, die Langeweile und Stillstand produziert; mehr als eine *Hauskirche*, die sich am liebsten um sich selbst kümmert; mehr als eine *Nischenkirche*, die es sich in der Bedeutungslosigkeit bequem macht; mehr als *Amtskirche* mit Gremienwirtschaft und Behördenstruktur, die mehr oder weniger nur mit sich selbst beschäftigt oder gerne gesellschaftliche Zensuren verteilt.

Die Kirche, die sich als *Kirche Jesu Christi* versteht, wirkt durch ihre menschlich-organisatorisch-rechtliche Gestalt, die ständig eine kritische Rundumerneuerung im Lichte des Evangelium braucht, um Vertrauen geschenkt zu bekommen, aufbauen und erneuern zu können. Und Erneuerung im Geiste Jesu Christi fängt beim Einzelnen an und spiegelt sich in „beseelten" und vertrauenswürdigen Strukturen, Abläufen und Dienstleistungen wider.

In einer einladenden Institution Kirche mit dem unvertretbaren Alleinstellungsmerkmal der Verkündigung muss viel Raum für spirituelles Leben existieren, damit die Sehnsucht nach dem tieferen Sinn im Leben gestillt und die Nähe Gottes ernst- und wahrgenommen werden kann.

Weltverantwortung der Kirche moralisiert nicht, auch politisiert sie nicht. Sie mischt sich vielmehr begründet ein – aus dem Hören des Evangeliums mit Sach- und Orientierungskompetenz, mit nachvollziehbarer Argumentation sowie mit inspirierenden christlichen Perspektiven.

Das Herz der Weltverantwortung – der Dienst für die Welt – schlägt in besonderer Weise, wenn versucht wird, der Stimme der Schwachen und Schwächsten durch Wort und Tat Gehör zu verschaffen, weil Christus sich selbst mit diesen Stimmen identifiziert hat: *„Wahrlich, ich sage euch: Was ihr getan habt einem diesen meinen geringsten Brüdern, das habt ihr mir getan."* (Matthäus 25,40) Und kirchliches Reden bleibt glaubwürdig, wenn die Kirche nur das fordert, was sie selbst (vor-)lebt, wenn Nächstenliebe in Gemeinden und kirchlichen Einrichtungen keine schöne Zutat, sondern eine erfahrbare Tat im Spannungsfeld von Ökonomie, Fachlichkeit, Ethik, Situation und Menschlichkeit ist, wenn der Dienst im Magnetfeld von Glaube und Leben geschieht und Gottesliebe und Nächstenliebe als eine untrennbare Einheit wahrgenommen werden.

Was Christen verbindet, was trennt

Allen Christen ist gemeinsam, vor allem:

Die *Heilige Schrift* als Wort Gottes, das hörbar und erfahrbar wird, indem der guten Nachricht von Jesus als dem Christus geglaubt und neues Leben durch, mit und vor Gott zugetraut wird.

Die *Taufe* auf den Namen des dreieinigen Gottes – des *Vaters*, der alles Leben geschaffen hat und in der fortwährenden Schöpfung gegenwärtig ist; des *Sohnes*, der zugleich Türöffner und Tür zum mitleidenden und selbstleidenden sowie befreienden und versöhnenden Gott ist; des *Heiligen Geistes*, der Gemeinschaft bewirkt sowie christliches und kirchliches Leben beseelt, erneuert und eines Tages vollendet.

Das *Apostolische Glaubensbekenntnis*, das die wichtigsten Glaubensinhalte – die Dreieinigkeit Gottes – als Gebet und Bekenntnis im Gottesdienst zusammenfasst. Das erste ökumenische Konzil, das Kaiser Konstantin I. (270/288 bis 337) im Jahre 325 n. Chr. in Nicäa einberufen hatte, bekannte sich zur Göttlichkeit Jesu und die Wesenseinheit von Gott dem Vater, Jesus dem Sohn und dem Heiligen Geist. Das Bekenntnis wurde auf dem Konzil von Konstantinopel 381 bestätigt.

Die *Weltverantwortung* durch diakonische und caritative Dienste, durch soziale Aktivitäten der Nächstenliebe sowie durch gemeinsame Zusammenarbeit mit anderen Religionen und Kulturen im Blick auf die Bewahrung der Schöpfung und des Lebens, des Friedens und der Freiheit, der Solidarität und Gerechtigkeit.

Es gibt jedoch auch Unterschiede.

Wer die Unterschiede verstehen, überwinden oder sogar als gegenseitige Bereicherung erfahren will, muss sich wenigstens „punktuell vertiefend" – auch wenn es anstrengend sein sollte - mit der Geschichte der „krassen Vielfalt" der Spannungen und Brüche, der Widersprüche und Verletzungen auseinandersetzen. Die Suche nach einer noch zu versöhnenden Einheit der Christen in gleichberechtigter Vielfalt braucht diesen historischen Rückblick, um mit theologischem Durchblick einen ökumenischen Ausblick zu gewinnen.

Die Reformation ab 1517 und der Protest

Der 31. Oktober 1517 ist ein Schlüsseldatum, das an die Veröffentlichung der 95 Thesen des deutschen Augustinermönchs und Theologieprofessors Martin Luther (1483 bis 1546) erinnert - veranlasst durch den Verkauf von Ablassbriefen und die Käuflichkeit kirchlicher Ämter. Die Thesen kritisieren scharf das *„Beten, Bereuen und Bezahlen"* bzw. die *„Heuchelei, Verdummung und Geschäftemacherei."*

Der Ablass war ursprünglich eine Tat nach einer „Sünde" – ein Kirchenbesuch, eine Beichte, eine Wallfahrt –, um die Gnade Gottes neu zu erfahren, die auch in einem kirchlichen Brief festgehalten werden konnte. In der Zeit um 1500 wurde es „Mode", den Ablass mit Geld zu kaufen, weil man glaubte, dann nicht so lange im Fegefeuer bleiben zu müssen. Der Ablasshändler Johann Tetzel (1465 bis 1519) behauptete *„Sobald der Gülden im Becken klingt im huy die Seel im Himmel springt."* Der eigentliche Hintergrund war jedoch, dass Papst Leo X. (1475 bis 1521; ab 1513 Papst) Geld für den Neubau des Petersdoms in Rom brauchte. Gefördert wurde dieser „Petersablass" zudem von Kardinal Albrecht (1490 bis 1545; seit 1514 Erzbischof von Mainz), der Tetzel durch das Land schickte und die Hälfte der Erlöse für sich behielt. Offensichtlich hatte der Ablasshandel bei Luther das Fass seiner Geduld mit seiner Kirche zum Überlaufen gebracht.

Die Gründung einer neuen Kirche oder die Spaltung der katholischen Kirche war nicht Luthers Absicht. Aber Luther hatte radikale Anfragen an die Kirche, die er nicht verschwieg und aus der er keine geheime Verschlusssache machte.

Luthers Anfragen sind bleibende Fragen bis in unsere Zeit: Kann sich eine Priesterkirche auf Christus zurückführen? Erhalten Priester durch die Priesterweihe einen unverlierbaren Charakter, der „unversöhnlichen Zwiespalt" (Luther) sowie eine Ungleichheit zwischen Klerikern und Laien verursacht – eine Trennung, die seitens eines Priesters ein Überlegenheits- und Unantastbarkeitsbewusstsein, seitens der katholischen Kirche ein hierarchisches und scheinheiliges Denken, sogar willkürliches und missbräuchliches Handeln begünstigen kann? Ist nicht die Kirche des allgemeinen Priestertums das biblische Modell des neuen Gottesvolkes, wenn es im 1. Petrus 2, 9 heißt: *„Ihr aber seid ein auserwähltes Geschlecht, ein königliches Priestertum, ein heiliges Volk,* *ein Volk zum Eigentum, dass ihr verkündigen sollt die Wohltaten dessen, der euch berufen hat aus der Finsternis in sein wunderbares Licht.'*"? Sind nach dieser biblischen Aussage nicht alle Christen Priester – durch ihren Glauben an Christus?

Zum Bündel der Reformmaßnahmen sowie Forderungen der auf Luther folgenden Reformationsbewegung gehörten insbesondere die Abschaffung von Klöstern und der Papstmacht sowie der Heiligenverehrung, die Einführung des Abendmahles in beiderlei Gestalt von Brot und Wein, die zentrale Stellung der Predigt im Gottesdienst, das Kirchenlied als eine Form des Gebetes sowie eine weltliche Berufsethik.

Das Konzil von Trient 1545 - 1563 und die Gegenreformation

1545 eröffnete <u>Papst Paul III.</u> (1468 bis 1549) in Anwesenheit von 31 Bischöfen das ökumenische Konzil zu Trient, das zur Erneuerung der Katholischen Kirche beitragen sollte und in drei Tagungsperioden stattfand (Ende 1563). <u>Kaiser Karl V.</u> (1500 bis 1558), der in den Kriegen gegen die Franzosen und die Osmanen die protestantischen Reichsfürsten brauchte, wünschte den

Streit mit den Protestanten zu entschärfen. Der Papst jedoch wollte das eigene Profil gegenüber den Protestanten schärfen und die evangelische Bevölkerung „rekatholisieren".

Wichtig erschien dem Papst, die „kirchliche Tradition" mit einem autoritativen Charakter zu betonen – im Gegensatz zu Luther, der vom „Sola scriptura"-Prinzip („Allein durch die Schrift") sprach. Schrift (*„scriptura"*) *und* Überlieferung (*„traditio"*) – die ungeschriebene Weitergabe von Glaube und Sitte – waren für den Papst gleichberechtigt. Und die lateinische *Vulgata* – die lateinische Übersetzung der gesamten Bibel, wie sie seit dem 7. Jahrhundert in der Kirche gebräuchlich ist – wurde als verbindliche Bibelausgabe bestimmt.

Die „Tridentinische Messe", die den Klerikalismus umsetzte, wurde eingeführt; <u>Pius V.</u> (1504 bis 1572) erklärte alle bestehenden Liturgien für abgeschafft und verhängte ein absolutes Veränderungsgebot: Der geweihte Priester zelebriert die Eucharistiefeier mit dem Rücken zur Gemeinde und spricht die Wandlungsworte *„Hoc est enim corpus meum"* („Dies ist mein Leib") – in der Gewissheit, dass dabei Brot und Wein zum Leib und Blut Christi werden, also Jesus Christus in jeder Messe körperlich anwesend ist.

Es gab kein „papstfreies Konzil" mit Protestanten, die zwar „Redefreiheit" versprochen bekamen, sich aber gleichzeitig dem Urteil des Konzils hätten beugen müssen.

Überhaupt grenzte sich das Konzil scharf von anderen Konfessionen ab und trug selbst dazu bei, zu einer eigenen Konfession mit einer starken und bestimmenden päpstlichen Gewalt zu werden.

Die Papstkirche reformierte jedoch insbesondere das *Ablasswesen*; die *Ämterhäufung* im Bischofsamt wurde verboten, Missstände der *Pfründenhäufung* sollten abgeschafft werden, da es Bischöfe und Priester gab, die ihr Bistum bzw. ihre Pfarrei noch nie besucht hatten, aber dennoch das damit verbundene Einkommen erhielten. *Priesterseminare* wurden zur Ausbildung der Priester errichtet und die *Formpflicht bei Eheschließungen* wurde eingeführt: Ehen sollten in Anwesenheit von Zeugen vor einem Priester geschlossen werden.

Erstes Vatikanische Konzil 1969/1970 und die Aufklärung

Das Erste Vatikanische Konzil, das von Papst Pius IX. (1846 bis 1878) einberufen wurde, begann am 8. Dezember 1869 und dauerte zehn Monate. Am Konzil der Weltkirche, das vor allem die liberalen Ideen der Aufklärung abwehren wollte, nahmen etwa 700 kirchliche Würdenträger teil.

Die Französische Revolution (1789 bis 1799) hatte nicht nur den absolutistischen Ständestaat beseitigt. Sie bekämpfte auch den Katholizismus mit dem absolutistisch denkenden Papst, dessen Einfluss aus dem Alltag der Menschen durch eine „Entchristlichung" entfernt werden sollte.

Die Aufklärung selbst, die schon um 1700 begann, stellte das rationale Denken und die von Tradition und Gewohnheit befreiende *Vernunft* als universelle Urteilsinstanz in den Mittelpunkt des Fortschritts und wurde dadurch eine geistige und soziale Reformbewegung.

Im Jahre 1784 definierte Immanuel Kant (1724 bis 1804) in einem Essay den Begriff „Aufklärung". *Aufklärung* sei *„der Ausgang des Menschen aus seiner selbstverschuldeten Unmündigkeit."* Und *Unmündigkeit* sei *„das*

Unvermögen, sich seines Verstandes ohne Leitung eines anderen zu bedienen." Auch wenn es bequem sei, „unmündig zu sein", lohne es sich, seine Faulheit zu überwinden, selbstständig zu denken und den Mut zu haben, sich seines eigenen Verstandes zu bedienen; also *„Sapere aude"* („Habe Mut")!

Auch der Dichter <u>Gotthold Ephraim Lessing</u> (1729 bis 1781) war ein führender Vertreter der Aufklärung, der Freiheit und der Toleranz. Er kämpfte für die religiöse Wahrheit und gegen eine stumpfe Buchstabengläubigkeit.

Im Jahr 1779 erschien Lessings Meisterwerk „Nathan der Weise", das erste weltanschauliche Ideendrama und ein Schlüsseltext der Aufklärung. Bestandteil des Dramas ist die lehrhafte Ringparabel, die der Leser entschlüsseln muss. Nathan wird zum Sultan gerufen, der ihn fragt, welche der drei Weltreligionen die einzig wahre sei. Die *Ringparabel* ist die Antwort Nathans an den Sultan:

Ein Vater hat drei Söhne und vererbt jedem einen Ring. Der *Vater* steht wohl für einen liebenden Gott, die *drei Ringe* stehen für die drei monotheistischen Weltreligionen, nämlich Judentum, Christentum und Islam und die *Söhne* für die Anhänger der jeweiligen Religionen.

Die Kernaussage lädt zum universalistischen und toleranten Denken ein: Liebt der Vater nicht alle seine Söhne „vollkommen" gleich, wenn er ihnen „gleiche" Ringe geschenkt hat? Und sind nicht alle Söhne zugleich Betrogene und Betrüger, wenn einer dem anderen Bruder unterstellt, einen „unechten" Ring zu haben und ihm deshalb seine Existenzberechtigung abspricht? Sind nicht selbstverliebte und selbstgerechte Söhne auf dem „Holzweg", weil sie nicht wissen (können), ob sie den einzig „wahren" Ring besitzen? Und ist nicht ein Praxistest für die „Echtheit" eines Ringes entscheidend: eine religionsübergreifende Humanität, die aus der religiösen Toleranz und einer authentischen Praxis Pietatis, einer Ehrfurcht vor Gott, hervorgeht?

Dieses Denken war der Papstkirche ein Dorn im Auge. Das Erste Vatikanische Konzil bezog gegen die „Früchte" der Aufklärung Stellung und zwar mit der Verkündigung des von Gott geoffenbarten Dogmas der Unfehlbarkeit und des Universalen Jurisdiktionsprimat für alle Nachfolger Petri.

Das Dogma der Unfehlbarkeit: Der Papst als höchste Autorität besitzt die Vollmacht, Lehren des Glaubens und der Moral als unfehlbar zu verkünden, wenn er „ex cathedra" („von der Kathedra aus") kraft seines Lehramtes spricht. Päpstliche Entscheidungen sind aus sich selbst („ex sese"), „nicht aber aufgrund der Zustimmung der Kirche unabänderlich" und von „der ganzen Kirche festzuhalten."

Der *Universale Jurisdiktionsprimat*: Als höchste Rechtsgewalt kann der Papst in jede Diözese hineinregieren; er hat im Konfliktfall überall und zu jeder Zeit das letzte Wort.

Ausdrücklich ausgeschlossen wurde die bislang notwendige Zustimmung des Bischofskollegiums. Die Bischöfe wurden entmachtet; der Papst hatte jetzt alle Vollmacht in Lehre und Recht. Er war jetzt sogar einzige Quelle dieser Vollmacht. Hatte im 16. Jahrhundert noch das Konzil von Trient die Heilige Schrift und die Tradition als einzige Erkenntnisquellen verkündet, so setzte sich Papst Pius IX. mit der Tradition gleich: *„La tradizione sono io"* („Die Tradition bin ich.") Und er verneinte einen pluralen Katholizismus: *„Ein liberaler Katholik ist ein halber Katholik."*

Offene Fragen bleiben: Wollte der Papst, der seit 1846 regierte, eine *unverfälschte Weitergabe christlicher Wahrheiten* der katholischen Kirche, die er bedroht sah, zementieren, damit sie durch *Sukzession* - durch kontinuierliche Weitergabe des Sendungsauftrags der Apostel und deren Nachfolger – weiterhin existieren kann? Aber ist diese Kontinuität nicht gerade durch das Dogma der Unfehlbarkeit und des Jurisdiktionsprimats zerstört worden und ist nicht dadurch eine neue Kirche mit einer neuen Tradition entstanden - eine absolute Papstmonarchie mit einer *„neuen Form charismatischer Herrschaft"* (Hubert Wolf in der F.A.Z. vom 3.8.2020)? Und wie kann mit der *Erfindung des ordentlichen Lehramtes* durch Pius IX. die gleichberechtigte Einheit der Christenheit möglich werden, wenn nicht nur Dogmen, sondern auch – das war neu - lehramtliche Entscheidungen des Papstes betroffen sind?

Das Erste Vatikanische Konzil beseitigte vorangegangene vielfältige Traditionen. Es förderte einen kirchenpolitischen Traditionalismus angesichts von „Feinden von innen und außen." Es schuf eine einheitliche ultramontane, d.h. papsttreue Gegenwelt, die sich angesichts von Aufklärung, Säkularisierung, und Entchristlichung nicht einfach anpassen oder die alten Traditionen nur pflegen wollte.

Zu dieser neuen, festen und wehrhaften Sonderwelt der *„absoluten Papstmonarchie"* (Hubert Wolf) gehörte ein weiteres Dogma des Stellvertreters Jesu Christi auf Erden aus dem Jahr 1950.

Das Dogma der leiblichen Aufnahme Mariens in den Himmel: Papst Pius IX. hatte bereits 1854 die leibliche Aufnahme Mariens in den Himmel verkündet. 1950 wurde dieser Glaube durch Papst Pius XII. (1876 bis 1958), der zum ersten Mal vom Dogma seiner „päpstlichen Unfehlbarkeit" (Erstes Vatikanisches Konzil) Gebrauch machte, dogmatisiert, obwohl die Bibel keine Himmelfahrt Marias kennt:

„Wir verkünden, erklären und definieren es als ein von Gott geoffenbartes Dogma, dass die Unbefleckte, allzeit jungfräuliche Gottesmutter Maria nach Ablauf ihres irdischen Lebens mit Leib und Seele in die himmlische Herrlichkeit aufgenommen wurde."

Jährlich wird das Fest der leiblichen Aufnahme Mariens in den Himmel am 15. August gefeiert und verkündet; wohl manchmal auch in moderner Weise interpretiert:

Maria sei mit allem, was in ihrem irdischen Leben ihre Identität und Vorbildlichkeit bestimmte, bei Gott.

Zweites Vatikanische Konzil 1962 bis 1965 und die Erneuerung

Das Zweite Vatikanische Konzil, das 1962 von Papst Johannes XXIII. (1881 bis 1963) einberufen wurde, strebte Erneuerung an („instauratio"), die Öffnung der Kirche für die Welt, den Dialog mit Anders- und Nichtgläubigen sowie die Aktualisierung dogmatischer Aussagen. Allerdings wurden die Dogmen des Ersten Vatikanischen Konzils in die Dokumente des Zweiten Vatikanischen Konzils aufgenommen.

Papst Paul VI. (1897 bis 1978) setzte die Leitung des Konzils fort, nachdem Johannes XXIII 1963 gestorben war.

Wichtige Ergebnisse des Konzils sind:

Zur Vollmacht der Bischöfe und des Papstes: Korrigiert wurde die totale Entmachtung der Bischöfe durch das Erste Vatikanische Konzil. Durch ihre Bischofsweihe sind sie – von Christus selbst – beauftragt, kollegiale Vollmacht wahrzunehmen, jedoch – sozusagen als Vorbehalt - immer nur in Gemeinschaft mit dem Papst, der frei bleibt, seine Vollmacht kollegial oder persönlich auszuüben.

Grundsätzlich gestärkt wird die Lehr- und Leitungsfunktion des Bischofs in seiner Diözese gegenüber der römischen Kirchenzentrale. Auch die Stellung der Laien gegenüber den Priestern und Bischöfen wird aufgewertet.

In der späteren kirchlichen Praxis sollte jedoch deutlich werden, wer in der katholischen Kirche weiterhin das Sagen hat.

Beispielsweise entschied der <u>Papst Paul VI.</u> (1897 bis 1978) in seiner Enzyklika *„Humanae vitae"* (1968), die sich mit Geburtenkontrolle und Familienmoral befasst, gegen die überwiegende Mehrheit der Bischöfe aus eigener Vollmacht.

Oder in der Frage, ob die kirchliche Schwangerenberatung im staatlichen System bleiben soll, sprach Papst <u>Johannes Paul II.</u> (1920 bis 2005) mit seiner Instruktion *„Donum vitae"* (1999) ein „Machtwort" und verfügte den Ausstieg, obwohl die deutschen Bischöfe fast einmütig überzeugt waren, dass die Beratungsregelung einer reinen Fristenlösung vorzuziehen ist.

Zum Kirchenverständnis: Die katholische Kirche wird als "Volk Gottes" auf dem Weg durch die Zeit definiert. Die Kirche müsse sich ständig reformieren, wobei das Bischofskollegium als Leitung der Kirche „mit und unter Petrus" aufgewertet wird. Und das „gemeinsame Priestertum aller Gläubigen", das bei Priestern und Laien in unterschiedlichen Formen verwirklicht wird, wird betont.

Zur Ökumene (griechisch „die ganze bewohnte Erde"): Die Grundfrage steht wohl weiterhin im kirchlichen Raum: Werden die Kirchen der Reformation nur als „kirchliche Gemeinschaften" anerkannt, nicht als „Kirchen", weil die "einzig wahre Religion" sich „in der katholischen, apostolischen Kirche" verwirklicht?

Da die ev. Kirche keine Priesterweihe kennt, kann dem Abendmahl bzw. der Eucharistie auch keine „volle Wirklichkeit" anerkannt werden. Das Konzil anerkennt nur, dass „bei der Gedächtnisfeier der Auferstehung des Herrn im Heiligen Abendmahl die lebendige Gemeinschaft mit Christus bezeichnet wird."

Das Konzil ließ viele Fragen offen und fordert weiterhin evangelisches Denken heraus:

Das katholische Amtsverständnis bleibt das größte Hindernis, konfessionelle Unterscheide zu überwinden, sie auszuhalten oder mit ihnen als Bereicherung oder Vertiefung der jeweils eigenen Sicht zu leben.

Zur Erinnerung: Martin Luther kritisierte das Papsttum, dass im Übergang von der Spätantike zum Mittelalter aus dem Bischofsamt von Rom hervorgegangen war. Der allererste „Diener der Diener Gottes" führte seine Legitimation auf Petrus zurück bzw. auf eine unmittelbare göttliche Einsetzung. Für Luther war nicht nachvollziehbar, dass der „Heilige Vater" ein *Monopol auf die Auslegung der Bibel* beanspruchte, seine *neuen Lehren mit dem Evangelium* verwechselte und *unbedingten Gehorsam* gegenüber sich und seiner Macht – und nicht gegenüber Gott – forderte.

Die reformatorische Theologie vom allgemeinen Priestertum der Christen ist ein Erbe mit bleibender Sprengkraft: Nicht durch die Vermittlung des Papstes, der Kirche oder des Klerus kommt der Mensch in ein *Verhältnis zu Gott*, sondern allein durch den persönlichen Glauben an Gott als alleiniges Geschenk Gottes, das der menschlichen Verfügungsgewalt entzogen ist. Das geistliche Amt darf nicht mit der Stimme und dem Willen Gottes verwechselt werden oder sich anmaßen, im Namen

Gottes die persönliche Freiheit und Verantwortung eines Menschen einzuschränken oder sie ihm durch blinde Gehorsamsforderungen zu nehmen.

Das katholische Kirchenrecht bleibt ein Bremsklotz, in der katholischen Kirche grundlegende Reformen durchzuführen und konfessionelle Unterschiede zu überwinden.

Weil das Zweite Vatikanische Konzil die Untrennbarkeit von Weihe- („potestas ordinis") und Hirtengewalt („potestas iurisdictionis") durch sakramentale Ordination gelehrt hat, gibt es im katholischen Kirchenrecht keine Gewaltenteilung. Zwar existieren gewisse Formen der Mitverantwortung von Nichtgeweihten, aber die Letztverantwortung für die Leitung vor Ort hat der Bischof als Vertreter der Einheit der Ortskirche, der nicht abgewählt werden kann.

Bei aller Erneuerung durch das Zweite Vatikanische Konzil bleibt das Erste Vatikanische Konzil in den wichtigsten „Machtfragen" in der heutigen katholischen Kirche bestimmend: Ihre absolutistischen Aussagen wurden 1983 in den Codex Iuris Canonici (CIC, Kodex des kanonischen Rechtes), dem Gesetzbuch des Kirchenrechts der katholischen Kirche, in aller Deutlichkeit aufgenommen: Der Papst ist und bleibt höchste und letzte Autorität für die katholische Kirche, zugleich *Gesetzgeber* und *Richter* sowie *Inhaber des Rechts auf Alleinregierung* - als Bischof von Rom, als Bischof eines einzelnen Bistums, als Oberhaupt der Gesamtkirche hat er eine „Kompetenzkompetenz".

Gemeinsamkeiten und Unterschiede zwischen den Konfessionen

Weitere Gemeinsamkeiten und Unterschiede zwischen der katholischen Kirche und der evangelischen Kirche sind; zusammengefasst:

Sakramentsverständnis: Die kath. Kirche kennt *sieben* Sakramente, nämlich Taufe, Eucharistie, Firmung, Ehe, Beichte, Priesterweihe und letzte Ölung (lateinisch „sacramentum"; sichtbares Zeichen des Heils, in dem sich die unsichtbare Gegenwart Gottes geheimnisvoll verwirklicht); die ev. Kirche nur *zwei*, nämlich Taufe und Abendmahl, da sie nach der biblischen Überlieferung ausdrücklich durch ein Stiftungs- bzw. Verheißungswort eingesetzt worden sind. Trauung, Konfirmation, Ordination sind in der Ev. Kirche nur Segnungen.

Taufe: beide Kirchen verstehen die Taufe als einen sichtbaren Übertritt vom alten Sein des Menschen zum neuen Sein in Christus; als lebendiges Zeichen der Kindschaft Gottes und der Zugehörigkeit zur Kirche Jesu Christi.

Eucharistie („Danksagung"); katholisches Verständnis: Die Eucharistiefeier erinnert an das Opfer Christi. Wenn der geweihte Priester die biblischen Abendmahlsworte spricht, wandeln sich Brot und Wein in die „sakramentale Gegenwart" von Leib und Blut Christi. Da die „Gegenwart Christ" bestehen bleibt, werden die geweihten und gewandelten bzw. konsekrierten Hostien im Tabernakel, einem kostbaren Schrein, aufbewahrt. In der Regel dürfen nur katholische Christen die Kommunion empfangen. In "schweren Notlagen" wie etwa Todesgefahr, einer anderen Notlage sowie in Einzelfällen gelten Ausnahmen. Allerdings müssen sich dann auch Nichtkatholiken zum Glauben an die katholische Kirche bekennen. Im Hochgebet der Messe heißt es u.a.:

„Nimm diese heiligen, makellosen Opfergaben an und segne ✠ sie. Für die Kirche und ihre Hirten. Wir bringen sie dar vor allem für deine heilige katholische Kirche in Gemeinschaft mit deinem Diener, unserem Papst N., mit unserem Bischof N. und mit allen, die Sorge tragen für

den rechten, katholischen und apostolischen Glauben. Schenke deiner Kirche Frieden und Einheit, behüte und leite sie auf der ganz Erde."

Evangelisches Verständnis: Mit den Katholiken wird an die reale Gegenwart des auferstandenen Christus in, mit und unter Brot und Wein geglaubt. Da jedoch Jesus Christus beim Abendmahl selbst Gastgeber aller getauften Christen ist, kann jeder getaufte Christ unabhängig von seinem Bekenntnis das Abendmahl empfangen.

Die sogenannte Realpräsenz Jesu bzw. die „*Trans*substantiation" – Wesensverwandlung – in der katholischen Eucharistiefeier steht im Gegensatz zum lutherischen Glauben an die „*Kon*substantiation", die sakramentale Einheit von Leib und Blut Jesu Christi *mit* Brot und Wein, so dass Christus im Glauben des Gläubigen anwesend ist. Das Abendmahl als Gedächtnis-, Erinnerungs- und Gemeinschaftsmahl Jesu geschieht im Vertrauen auf das biblische Versprechen *„Wo zwei oder der in meinem Namen versammelt sind, da bin ich mitten unter ihnen."* (Matthäus 18,20), wobei aber das Brot Brot und der Wein Wein bleibt.

Anders als Luther ist dem Schweizer Reformator Huldrych Zwingli (1484 bis 1531) das *zeichenhafte*

Handeln der Gemeinde und dem französischen Reformator Johannes Calvin (1509 bis 1564) die *Gegenwart des
Heiligen Geistes* als „verbindendes Band" wichtig.

Firmung: Sie ist für katholische Christen ein Initiations-
bzw. Einführungssakrament. Sie soll die Taufe mit Erst-
kommunion bzw. Eucharistiefeier stärken und bestäti-
gen. Vor der Firmung findet ein umfassender Firm-
Unterricht statt.

Konfirmation: Sie ist für evangelische Christen eine „be-
festigende" Segenshandlung der Kindertaufe. Jugendliche – meistens im Alter von 14 oder 15 Jahren – haben
sich zuvor im Konfirmandenunterricht – der meisten
zwei Jahre lang dauert – mit Fragen des christlichen
Glaubens beschäftigt und bekennen sich mit ihrem be-
wussten Ja in der Konfirmation zum dreieinigen Gott
sowie zur Kirchenzugehörigkeit.

Ehe: Nach katholischem Verständnis ist die Ehe ein
„Sakrament", ein geheimnisvolles Zeichen der Liebe
Gottes und eine göttliche Stiftung; ein Konsensualver-
trag, gültig allein durch die beiderseitige Willenserklä-
rung von Mann und Frau; grundsätzlich unauflöslich;
u.a. ausgerichtet auf die gegenseitige Liebe der Ehegat-
ten sowie auf die Erzeugung von Kinder und auf das

Wohl der Kinder. In der katholischen Liturgie heißt es: *"Gott hat die Ehe zu einem Abbild seiner Liebe zu uns Menschen gemacht. Er segnet und heiligt die Liebe von Mann und Frau und macht ihre Verbindung unauflöslich, wie auch seine Liebe zu uns unwiderruflich ist."*

Nach evangelischem Verständnis ist die Ehe eine Gabe Gottes und Aufgabe des Menschen, kein Sakrament, aber ein *„äußerlich leiblich Ding"* (Luther), als Gottes Stiftung und *Gabe* grundsätzlich *unauflöslich* – als Lebensgemeinschaft auf Lebenszeit ausgerichtet -, *monogam* – als Einehe gewollt -, *öffentlich* – als Institution auf den Schutz der rechtlichen Ordnung angewiesen – ein *Abbild* des Verhältnisses Christi zu seiner Gemeinde – im Glauben der Eheleute. Sie ist nicht nur „göttliche Ordnung", sondern auch eine *Aufgabe*, partnerschaftlich, menschlich, vernünftig, gemeindebezogen sowie als *Lebens-, Liebes- und Verantwortungsgemeinschaft* in der Mitwelt zu leben.

Beichte: Für die katholische Kirche ist die Beichte ein *„Sakrament der Versöhnung"* mit Gott, der Kirche und den Menschen; sie wirkt durch die Mittlerschaft des Priesters, indem der Gläubige im Beichtstuhl seine Sünden benennt, aufrichtig bereut, sich zu seiner Verantwortung bekennt, Wiedergutmachung für begangenes

Unrecht verspricht und der Priester – unter Auflage einer Buße – im Namen Christi die Sünden erlässt, die Absolution als sakrale Sündenvergebung erteilt.

In der evangelischen Kirche findet die Beichte, in der sich Menschen zu ihrer Schuld bekennen und in der ihnen die Vergebung Gottes zugesprochen wird, häufig in einem *gemeinsamen Gebet* in einem Gottesdienst – insbesondere am Buß- und Bettag oder Karfreitag – statt. Es gibt in der evangelischen Kirche keine Beichtstühle, aber immer die Möglichkeit der *Einzelbeichte* im Rahmen eines Seelsorgegespräches mit einem Pfarrer, der das Beichtgeheimnis zu wahren hat. Grundsätzlich kann nach evangelischer Auffassung jeder Christ einem Mitchristen die Vergebung auf Grund des Wortes Jesu „Wahrlich ich sage euch: Was ihr auf Erden binden werdet, soll auch im Himmel gebunden sein, und was ihr auf Erden lösen werdet, soll auch im Himmel los sein." (Matthäus 18,6) zusprechen.

Weihe: Sie bedeutet für die katholische Kirche, dass Menschen in der Bischofs-, Priester- oder Diakonenweihe dem „Göttlichen" gewidmet und dem „Weltlichen" dauerhaft entzogen werden. Die katholische Kirche erwartet einen *„ungeschmälerten Glauben"*, eine *„rechte Absicht"*, das *„erforderliche Wissen"*, einen *„guten Ruf"*,

„untadelige Sitten", „bewährte Tugenden" und „andere *physische und psychische Qualitäten*" (CIC 1983). Die Weihe gliedert eine geweihte Person in eine bestimmte Diözese oder in einen Orden ein. Die einmal durch Handauflegung des Bischofs und durch das Weihegebet gültig gespendete Weihe ist unwiderruflich und unwiederholbar und verleiht dem Geweihten einen sogenannten "*character indelebilis*", ein unauslöschliches Prägemal als lebenslanges Band mit Gott. Frauen können nicht geweiht werden, weil u.a. *Jesus selbst nur Männer in den Kreis der Apostel berufen hat und die Apostel wiederum nur Männern die Hände aufgelegt haben."* (aus dem Apostolischen Schreiben „Ordinatio sacerdotalis" von Papst Johannes Paul II, 1994).

Ordination: Sie ist – im Unterschied zum katholischen Weiheverständnis – für die evangelische Kirche „nur" eine Beauftragung eines Pfarrers oder einer Pfarrerin zur *öffentlichen Wortverkündigung* und *Sakramentsverwaltung*. In einem Gottesdienst wird die Ordination (lat. „Einsetzung") in das geistliche Amt – Pfarramt – vollzogen. Wesentliche Bestandteile sind der Ordinationsvorhalt – die Nennung der wichtigsten Aufgaben wie Predigt, Taufe, Abendmahl, Unterricht und Seelsorge – das Ordinationsgelübde – die Verpflichtung, den Dienst gemäß der biblischen Botschaft der Bekenntnisschriften zu tun – die Handauflegung sowie Schriftlesungen und das Segensgebet.

Krankensalbung: Sie ist für die katholische Kirche eins *sakramentales Mittel* zur Stärkung des Gott- und Christusvertrauens sowie zur Ermutigung, mit der Kraft des Heiligen Geistes zu rechnen. Als „letzte Ölung" im Sterben, aber auch in Zeiten schwerer Erkrankung soll das Sakrament helfen, Gott als Freund und Begleiter in Grenz- und Krisensituationen zu erfahren. Evangelische Christen kennen keine sakramentale Krankensalbung, allerdings gibt es vereinzelt *Salbungen*, den Wunsch nach „letztem Abendmahl" als „pastorale Handlungen."

Die *Heiligenverehrung*: Für die katholische Kirche sind Heilige *Fürsprecher* bei Gott und *Mittler* zwischen Mensch und Gott. Sie werden verehrt, weil sie zu Gott gehören und Gott in ihnen durch ihre vorbildliche Weise oder durch ein Wunder wirkt. Die ersten Heiligen waren Märtyrer, Zeugen ihres Glaubens, die für ihren Glauben an Christus selbst den Tod nicht scheuten. Später rückten die 14 Nothelfer – elf Männer und 13 Frauen – in den Mittelpunkt gläubigen Lebens. Als allgegenwärtige Schutzheilige für alle Alltagssorgen und –nöte sowie zur Lebensbewältigung wurden sie regelmäßig angerufen.

Und angebetet – sowohl die Person als auch die Reliquien der Heiligen. Unter Papst Johannes Paul II. (1920 bis 2005) – nur ein Papst kann einen Menschen zur „Ehre der Altäre" heiligsprechen, der sich in einer sogenannten „seligmachenden Gottesschau" befindet und bei dem ein Wunder nachgewiesen werden kann - nahm die Zahl der Selig- und Heiligsprechungen sprunghaft zu. Der „Heilige Vater" sprach 1345 Personen selig und 483 heilig, darunter auch den Opus-Dei-Gründer Josemaría Escrivá, der vielen Mitgliedern der katholischen Kirche als Gründer einer fundamentalistischen sowie hierarchisch organisierten Sekte gilt.

Für die evangelische Kirche sind Heilige *Vorbilder* des Glaubens. Martin Luther lehnte die Heiligenverehrung ab. Für ihn ist Christus der alleinige Mittler zu Gott, der allein heilig ist. Heilige sind keine „Knechte" des Menschen, die den Menschen Schutz geben, die dann auf „gute Werke" – auf die Wahrnehmung ihrer eigenen Verantwortung – verzichten können. Die Anrufung von Heiligen ist biblisch nicht zu begründen. Und ihre Verehrung oder gar Anbetung vermischt Menschliches und Göttliches. Allerdings gibt es auch nach evangelischem Verständnis vorbildliche Menschen des Glaubens, die die Nachfolge Christi öffentlich wahr- und ernstnehmen, auch wenn sie persönliche Nachteile haben oder Opfer erbringen müssen. Wer jedoch an Christus glaubt und in seinem Geist lebt, braucht keine „Fürsprecher bei Gott."

Minden- Ravensberger Erweckungsbewegung

Der Leser gestatte zwei persönliche Kapitel, um den Hintergrund des Kompendiums und die theologischen Deutungen sowie die Sozialisation des Autors besser verstehen zu können. Ich bin in einer evangelischen Familie in Bünde geboren und habe die Minden-Ravensberger Frömmigkeit kennengelernt: Meinen Eltern war der regelmäßige (Kinder-) Gottesdienstbesuch, das Tischgebet bzw. Gute-Nacht-Gebet, aber auch das Feiern kirchlicher Feste im Rahmen der Kirchengemeinde sowie Kirchenfreizeiten und der Ev. Religionsunterricht in der Schule wichtig. Wir haben in der Familie auch kontrovers über theologische Fragen diskutiert, zum Beispiel über biblische Aussagen, ob man sie absolut setzen oder zur generellen Norm für alle erklären darf, ob der biblische Buchstabe wichtiger als der Geist im Wort ist, welche aktuelle Bedeutung eine biblische Geschichte haben kann, wann Glaube mit Moral verwechselt wird, welche Konsequenzen aus dem christlichen Glauben heraus für das eigene Leben gezogen werden können.

Die Erweckungsbewegung, die mich besonders durch das Vorbild meines Vaters theologisch bewegt hat, war eine *Glaubens-* und Lebensbewegung, die sich stark an der Bibel orientierte, und die die persönliche Bekehrung des Einzelnen im Fokus hatte. Es ging um den „Ruf des Evangeliums zur Umkehr" sowie – im 19. Jahrhundert! – um die Abkehr von weltlichen Werten wie Tanz und Kartenspiel, was ich als Jugendlicher schon nicht verstand, da ich von der „Freiheit eines Christenmenschen", der seine Verantwortung vor Gott wahrnimmt, stets überzeugt war.

Die Bewegung war darüber hinaus eine *Volks-* und Kirchenbewegung, die auf Grund von Predigten und Missionstätigkeiten von Pastoren wie die des Jöllenbecker Pfarrers Johann Heinrich Volkening (1796 bis 1877) Menschen ansprechen und begeistern konnte. Sowohl innerhalb und am Rande als auch außerhalb der verfassten ev. Kirche wirkten zudem „erwecklich-erbaulich" zum Beispiel Missionsfeste und Posaunenchöre sowie das Erbauungsschrifttum. Das Bünder Missionsfest habe ich regelmäßig besucht. Als freier Mitarbeiter einer Lokalzeitung konnte ich über dieses Ereignis berichten.

Schließlich war diese Bewegung eine *Diakonie*- und Sozialbewegung zur Gründung von „Rettungsanstalten" für „verwahrloste Jugendliche" und von „Siechenhäusern" für alte und pflegebedürftige Menschen. Bekannte diakonische Einrichtungen verdanken ihr ihre Existenz, zum Beispiel Eben-Ezer in Lemgo (gegr. 1852), die Von Bodelschwinghschen Stiftungen in Bielefeld (1867) oder der Wittekindshof in Bad Qeynhausen- Volmerdingsen (1887).

Die Freiheit eines Christenmenschen in der Bindung an Gottes Liebe

Nach der Konfirmation war ich in der kirchlichen Jugendarbeit als Mitarbeiter tätig und habe auch an kirchlichen Jugendfreizeiten teilgenommen. Bei intensiven, auch kontroversen Gesprächen über Bibeltexte sind mir folgende Einsichten immer wichtiger und drängender geworden; gingen mir einige biblische Aussagen ins

Herz und in den Kopf, die mich bis heute begleiten und wichtig sind:

„Mir ist alles erlaubt, es soll mich aber nichts gefangen nehmen." (siehe 1.Kor. 6,12)

„Alle eure Dinge lasset in der Liebe geschehen!" (siehe 1.Kor, 14)

„Prüft aber alles und behaltet das Gute!" (1. Thessalonicher 5,21)

„Der Sabbat ist um des Menschen willen gemacht, nicht der Mensch um des Sabbats willen." (Mk 2,27)

Für mich bedeuten diese Aussagen: Als Christ bin ich ein freier Mensch, der sich freiwillig an Gottes Liebe bindet, weil diese Liebe meine Freiheit erst möglich macht, zugleich begrenzt, beseelt und beflügelt. Die Freiheit in Bindung an Gott macht die Vernunft vernünftig, dient dem Menschen, dem Leben, der Mit- und Nachwelt. Sie ruft in die persönliche Verantwortung vor Gott und den Menschen, in der konkreten Situation das Gebotene und Richtige zu tun. Sie glaubt an Neuanfänge und hofft auf neues Leben im alten Leben durch Gottes Gnade und Barmherzigkeit.

Ich bin wie ein „Drachen im Wind" frei. Aber um bei Windstille nicht liegen zu bleiben oder bei Stürmen nicht abzustürzen, brauche ich – braucht dieser individuelle und unverwechselbare „Drachen" – seelische und ethische Bindungen, die Halt und Orientierung sowie Kraft geben, aufzustehen, Rückgrat zu zeigen, die aktuellen Herausforderungen zu bewältigen - jedoch keine Fesseln, die unbeweglich machen.

Ich erlebe Freiheiten in diesen Bindungen, die schützen und bewahren vor unvernünftiger Schwärmerei, moralischer Bevormundung, vor einem einengenden Gesetzeskorsett, vor leerer Lehre, aber auch vor Gleichgültigkeit, Desinteresse, Bequemlichkeit, vor fehlenden Auseinandersetzungen um Wahrheiten und Sinnerfahrungen.

Dieser Drachen braucht die Bindung an die unsichtbare, aber erfahrbare und schöpferische sowie versöhnende Liebe Gottes. In dieser Bindung kann das Leben in aufgeklärter und mündiger Freiheit gelingen. Mit der Hilfe Gottes können Höhen und Tiefen, Abgründe, Sackgassen und Wüstenerfahrungen bewältigt werden. Widersprüche und Brüche, Spannungen und Verletzungen haben dann nicht das letzte Wort, sondern Neuanfänge, Fortschritte, Entwicklungen und Versöhnung werden möglich, da die Bindung an Gott im Geiste der Liebe Jesu die Vernunft vernünftig macht, menschlich bewegt und die Hoffnung auf Gottes Wirken beflügelt.

Wer diese Liebe kennenlernen will, dem hilft das Evangelium, die gute und frohmachende Nachricht von dem menschenfreundlichen und menschensuchenden Gott, der zugleich Schrittmacher und Maßstab christlichen und kirchlichen Lebens ist; dem hilft:

- die Botschaft der Bibel als geistliche *Quelle* mit der Möglichkeit persönlicher und gemeinsamer Glaubenserfahrungen, als ethischer *Kompass* mit Orientierungshilfen bei der Suche nach dem richtigen Weg und als normative *Instanz* mit Kriterien wie Liebe und Verantwortung, damit glaubwürdige christliche und kirchliche Existenz gelingen kann; wobei die biblischen Aussagen zunächst historisch kritisch, insbesondere im Kontext und von der zentralen Aussage der Bibel her – von Jesus Christus als Mitte der biblischen Botschaft her

- zu lesen, zu verstehen, zu erklären, zu deuten sind, um sie dann in den eigenen reflektierten Lebenshorizont konstruktiv zu übertragen;

- der Glaube an Jesus Christus, der sozusagen der persönliche *Generalschlüssel* zum christlichen und kirchlichen Leben ist, dass der Gläubige sowie die Gemeinschaft der Gläubigen *in* dem mitleidenden und selbstleidenden Gott in Zeit und Ewigkeit geborgen bleibt, dass christliches und kirchliches Leben *vor* dem freien und freimachenden Gott als letzter Instanz zu verantworten ist, dass alles Leben *durch* den gnädigen Gott geschaffen, erneuert und eines Tages vollendet wird.

- der Glaube an den Geist Gottes, der wie ein *Wind* nicht eingesperrt oder gebändigt werden kann, sondern weht und wirkt, wann, wo und wie er will. Der froh- und neumachende Gewissheiten schenkt, dass die biblische Botschaft von Jesus Christus wahr ist, dass es eine bedingungslose und universelle, schöpferische und unvergängliche Liebe gibt, die ein christliches und kirchliches Leben in dieser Welt als Teil dieser Welt und für diese Welt bewirkt – zugleich in Liebe und Vernunft, in Freiheit und Verantwortung, in Gelassenheit und Besonnenheit, in Klugheit und Weisheit, stets im Vertrauen auf Gottes Nähe und sein souveränes Wirken, dass den

Gläubigen wachrütteln, korrigieren und erneuern, aber auch stärken, befähigen und bewegen kann.

Gott selbst kann das christliche und kirchliche Herz zum Schlagen bringen. Mit den Worten des reformatorischen Schlachtrufes „Allein": „Allein die *Schrift*" („Sola *scriptura*") kennt den Funken neuen Lebens. „Allein durch *Gnade*" („Sola *gratia*") kann der Funke neuen Lebens geschlagen werden. „Allein durch den *Glauben*" („Sola *fide*") und „Allein durch *Christus*" („Solus *christus*") wird das Feuer neuen Sinns und neuer Liebe, neuer Freiheit zur Verantwortung entfacht. Und darüber hinaus: „Allein aus *Liebe*" („Sola *caritatis*") kann ein Flächenbrand geistig-geistlicher Erneuerung und des helfenden Dienstes mit kühlem Kopf und offenen Händen möglich werden.

Die Bedeutung der Taufe

Eine Taufe ist etwas ganz Besonderes, Unverwechselbares und Unwiederholbares!

Sie ist mehr als die Stärkung der *Familien- und Freundesbande.* Obwohl die Pflege gegenseitiger Verknüpfungen von Verantwortung und Fürsorge sowie die Pflege wahrer Freundschaften im Leben wichtig und richtig ist.

Die Taufe ist auch mehr als ein schönes *Aufnahmeritual in eine Kirchengemeinde.* Obwohl eine lebendige, offene und einladende Kirchengemeinde auch viele Chancen bietet, neue Gesprächspartner und Freunde zu finden, die das eigene Glaubensleben sowie das Kultur- und Freizeitleben vertiefen und bereichern können.

Sie ist auch mehr als ein *sakramentales Band der Einheit der Kirchen.* Obwohl sie gerade als Einheitsband – als unzerstörbares Band mit Gott durch das sichtbare Zeichen der Taufe - sozusagen ein spirituelles Sprungbrett sein kann

Die Taufe bedeutet: Ein Mensch gehört zu Gott.

Gott – kein Zauberer oder Zauderer – hat den Täufling geschaffen, von Beginn an mit dem Zauber einer unverlierbaren Würde ausgestattet. Gott verspricht durch das Geschehen der Taufhandlung, dem Täufling auf seinem Lebensweg Wegbegleiter und Wegbereiter, ja selbst der Weg – der Grund des Lebens – zu sein.

In der <u>alten Kirche</u> gab es die Erwachsenentaufe.

Sie war eine Bekenntnistaufe: An Ostern – am Fest der Auferstehung Christi, dem zentralen Gründungsereignis des christlichen Glaubens – wurde die Taufe der Gläubigen gefeiert, nachdem diese zuvor etwa sieben Wochen lang im neuen Glauben unterrichtet worden waren und sich nun zum dreieinigen Gott bekannten.

Wer sich taufen ließ, vollzog symbolisch Tod und Auferstehung Jesu nach und glaubte an ein neues Leben, das Gott selbst schenkte: Ein Täufling stieg in ein Taufbecken. Zuvor hatte er sich entkleidet und war am ganzen Körper mit Öl als Zeichen des Schutzes gegen Angriffe des Bösen bzw. des Teufels gesalbt worden. Im Taufbecken wurde er vom Bischof dreimal mit den Worten untergetaucht *„N.N. wird getauft im Namen des Vaters, des Sohnes und des Heiligen Geistes."* Durch das Wasser als Element des Lebens wurde das „alte Leben" beim Untertauchen gleichsam beseitigt, das „neue Leben" begann gleichsam beim Auftauchen. Anschließend wurde der Täufling mit einem weißen Gewand – Weiß als Farbe des Sieges Christi über den Tod sowie als Zeichen des neuen Lebens - gekleidet. Der Christ als „neuer Mensch" repräsentierte nun die neue Wirklichkeit Gottes, die das ganze Leben grundlegend veränderte.

Es folgte die Umarmung durch die Mitchristen, denn sie waren *„ein Herz und eine Seele"* (Apg 4,32), sowie die gemeinsame Feier der Eucharistie als Erfahrung der Gemeinschaft mit ihrem Stifter, weil die neue Herrschaft Gottes angebrochen war.

Seit dem 5. und 6. Jahrhundert setzte sich in der Kirche immer mehr die Kindertaufe durch.

Auch neugeborene Kinder sollten nicht von der Taufe ausgeschlossen werden. Das unwiederholbare Sakrament der Taufe sollte das getaufte Kind vor der Gewalt des Bösen schützen und von der „Verdammnis" befreien, falls es stirbt.

Während durch die Taufe bei *Erwachsenen*, so der damalige Glaube, alle Sünden sterben, die sie bis zu ihrer Taufe begangen haben, stirbt bei *Kindern* die Erbsünde. Die Erbsünde, so das heutige Verständnis, meint keine persönliche Zurechnung einer ererbten Schuld, wohl aber die Universalität und Unentrinnbarkeit des Bösen – und durch die Taufe wird die Erkenntnis von Gut und Böse sowie die der Versöhnung im „neuen Leben" eröffnet.

Paten (lat. „Pater spiritualis" bzw. „Patrinus", d.h. „geistlicher Vater" bzw. „Väterchen") begleiteten in der alten

Kirche bei der *Erwachsenentaufe* die Taufbewerber bzw. „Katechumenen" in der Taufvorbereitung und waren Bürgen ihres Taufbegehrens.

Bei der *Kindertaufe*, die in den heutigen Kirchen der Regelfall ist, wählen die Eltern die Paten aus, die Zeuge der Taufe sind, den Eltern bei der christlichen Erziehung, der kirchlichen Sozialisation sowie bei der Persönlichkeitsentwicklung des Kindes zur Seite stehen sollen. Ein Pate, der für das Kind betet und auch mit dem Kind über christliche Glaubensfragen spricht sowie das Kind bei religiösen Feiern begleitet, begründet ein lebenslanges Vertrauensverhältnis zum Kind und zur Familie des Kindes.

Wird ein Kind <u>katholisch</u> getauft, so muss mindestens einer der Paten katholisch und mindestens 16 Jahre alt und gefirmt sein; wird ein Kind <u>evangelisch</u> getauft, so muss mindestens einer der Paten evangelisch und mindestens 14 Jahre alt und konfirmiert sein.

Seit der <u>Reformationszeit</u> bzw. der kirchlichen Erneuerungsbewegung des <u>frühen 16. Jahrhunderts</u> gibt es den „nachgeholten" Taufunterricht in den <u>evangelischen</u> Kirchen. In Ziegenheim in Hessen wurde 1539 die Konfirmation für evangelische Jugendliche „geboren". Landgraf Philipp, der sich bei der Einführung der Reformation als „neuer Herkules" feiern ließ, konnte den Streit um die Säuglingstaufe – „geht nicht der Glaube der Taufe voraus?!" – mit Hilfe des elsässischen Reformators <u>Martin Bucer</u> (1491–1551) mit einem Kompromiss beilegen. Zur traditionellen Säuglingstaufe kam der Konfirmandenunterricht für Heranwachsende, um zentrale Glaubensinhalte zu vermitteln. Und die abschließende Konfirmation („Bestätigung", „Bekräftigung"), bei der die Unterrichteten ein bewusstes Ja zu ihrer Taufe vor der versammelten Gemeinde sagten und den Segen Gottes als Zeichen des Übergangs ins kirchliche Erwachsenenalter empfingen.

Aktuelle Bedeutung der Taufe im biblischen Horizont

Liebe Carla, es gibt immer noch gute, auch „alte" Gründe, ein Kind taufen zu lassen:

Gerade in der Kindertaufe wird deutlich, dass der Schöpfer das Kind bedingungslos und grenzenlos liebt – unabhängig von seinen späteren guten oder schlechten Taten. Ein neugeborenes Kind ist stets willkommen, obwohl oder weil es mit leeren Händen angekommen ist.

Gott will die leeren Hände des Kindes mit dem Geist Jesu Christi füllen: Gottes Geist wohnt in dir und er bleibt bei dir, auch wenn du eines Tages deinem Schöpfer den Rücken zuwenden solltest. Denn nicht du hast Gott gewählt, sondern Gott hat dich aus Liebe erwählt und bejaht - nicht als Spielball gewollt, sondern als sein geliebtes Geschöpf mit einer unverlierbaren Würde und mit einer Lebensaufgabe, vor dem liebenden Gott sein Tun und Lassen in jeder Lebenslage persönlich zu verantworten.

Die Kindersegnung Jesu (Markus 10,13ff) zeigt, dass Menschen Gott brauchen. Und Gott ihnen hilft, am Beispiel von Kindern einen Zugang zu Gott zu bekommen.

Keiner hat sich selbst das Leben gegeben. Alle sind auf Gott gewiesen und angewiesen und zwar in ihrer grundlegenden Abhängigkeit und Hilfsbedürftigkeit, aber auch im Blick auf „göttliche Zufälle": auf Türen, die überraschend und unverdient geöffnet werden, auf Menschen, die wie Engel wirken, Schutz und Geleit, Neuanfänge ermöglichen, Lachen und Tränen teilen, trösten, lieben und verzeihen. Kinder sorgen dafür, dass Erwachsene, die meinen ohne Gott leben zu können, wieder auf den Teppich „bewegter Realitäten" zurückkehren. Als Kinder der Hoffnung sind Kinder bei und in allen Herausforderungen Zeichen der Hoffnung für Erwachsene.

Jesus wollte kein Zauberer sein, von dem magische Kräfte ausgehen konnten – wie die Eltern, die ihre Kinder zu Jesus brachten, dachten und begründeten, *„damit er sie anrührte."* Jesus bestätigte nicht ihre Motive. Aber er zauderte auch nicht anderen – wie seinen Jüngern, die ihn mit ihrer korrekten Deutung als „Nichtzauberer" vereinnahmen wollten – überraschend zu widersprechen: *„Lasset die Kinder zu mir kommen und wehret ihnen nicht."* Er erweiterte vielmehr jenseits von „falschem" und „richtigen" Denken den Horizontes aller: *„Wer das Reich Gottes nicht empfängt wie ein Kind, der wird nicht hineinkommen."*

Wenn ein Mensch das Reich Gottes entdecken will, dann sollte er, so Jesus, *„wie ein Kind"* werden, sicherlich nicht kindisch oder blauäugig, naiv oder rückwärtsgewandt, wohl aber so offen und vertrauensvoll, so vorurteilsfrei und zukunftsorientiert. So kann ein Erwachsener entdecken, dass das Leben ein einmaliges und kostbares Geschenk ist, das sich entwickelt und verändert, aber stets von Gott gesegnet ist, um für andere ein Segen zu sein.

Der Gesegnete kann zum Brückenbauer werden, um eine Kultur des gleichgültigen Nebeneinanders und eine Kultur des unversöhnlichen Gegeneinanders zu überwinden, ein gleichberechtigtes Miteinander auf Augenhöhe und mit Rückgrat zu ermöglichen – mit gegenseitiger Wertschätzung und Anerkennung unterschiedlicher, aber nicht trennender Sichtweisen und Positionen.

Durch religiöse Bildung, durch Wissen und Gewissen, Klärung und Aufklärung, Neugierde und Wahrheitssuche kann der Brückenbauer zum Segen werden, indem er Verantwortung aus dem christlichen Glauben heraus auf der Grundlage der biblischen Botschaft wahrnimmt: sich von Floskeln und Stereotypen, von Phantasien und Vorurteilen befreit, differenziert und argumentiert sowie lernt, eine (selbst-) kritische und mündige Haltung zu entwickeln. Und Lernender sowie Suchender zu bleiben.

Wer Brücken schlagen will, darf nicht ins Schwimmen geraten, sondern braucht einen Brückenschlag zwischen zwei Ufern, die zwar unterschiedlich sind, aber miteinander verbunden werden und immer wieder erneuert werden können.

Kalender:
Orientierung auf dem Weg

Der „Kalender" (von calare=ausrufen) erinnert u.a. an den ersten Tag eines Monats, an dem ursprünglich der neue Monat öffentlich ausgerufen wurde. Später – im Mittelalter – entwickelt sich ein Zeitrechnungssystem bzw. ein offizielles Verzeichnis für kirchliche Fest- und Gedenktage.

Der „*Mond*kalender" oder das „Mondjahr" orientiert sich nur an den _Mondphasen_, wobei die Zeit von Vollmond zu Vollmond etwa einen *Monat* (=etwa 29,5 Tage; ein *Tag*= ein Wechsel von Tag und Nacht) ausmacht.

Der „*Sonnen*kalender" oder das „Sonnenjahr" orientiert sich an dem Gang der _Erde_, die sich in 7 Tagen (= eine *Woche*) in sich selbst und in etwa 12,5 Monaten um die Sonne dreht, und die vier Jahreszeiten Frühling, Sommer, Herbst und Winter kennt.

Da ein Sonnenjahr nicht identisch mit dem Mondjahr ist und um den astronomischen Vorsprung des Sonnenjahres wieder aufzuholen, müssen von Zeit zu Zeit *Schalt-*

tage integriert werden. Das Kalenderjahr besteht aus 365 Tagen bzw. 366 Tagen.

Zur Geschichte:

Der heutige abendländische Kalender hat verschiedene *Wurzeln*;

den *ägyptischen* Kalender mit 365 Tagen und Schaltjahrregel (jedes vierte Jahr wurde um einen Tag verlängert),

den *Altrömischen* Kalender – dem Romulus bzw. der Gründung der Stadt Rom im Jahr 753 v. Chr. zugeschrieben - mit 298 Tagen (= Monate der Feldarbeit ohne Ruhezeiten) und nur zehn Monaten: März (nach dem Kriegsgott Mars), April (Wandelmonat), Mai („Frühling"), Juni (nach der Göttin Juno), Quintilis („Fünftel"), Sextilis („Sechste"), September („Siebte"), Oktober („Achte") und Dezember („Zehnte"). Im Jahre 153 v.Chr. wurde der Januar (nach dem Gott Janus) und Februar (nach dem Reinigungsfest Februa) als elfter und zwölfter Monat hinzugefügt. Das Mondjahr aus zwölf gleichen Mondmonaten wurde auf 355 Tage festgelegt; als Ausgleich zum Sonnenjahr gab es eine Vierjahresfolge, die aber eine unübersichtliche Unordnung schuf, den *Julianischen* Kalender – durch die Reform von Julius Cäsar im Jahre 46 v. Chr. – mit dreimonatiger Verlängerung des Jahres, Übernahme der ägyptischen Kalenderregel (ein Jahr= 365 Tage; jedes vierte Jahr=366 Tage), Einführung von Monaten mit unterschiedlicher Länge (31, 30 und 28 bzw. 29 Tagen), Verlegung des Jahresbeginnes auf den 1. Januar (=Beginn der Amtszeit der römischen Konsuln) statt 1. März, Neubenennung des Monats „Quintilis" in „Juli" (= zu Ehren Julius Cäsar). Im Jahre 8 v. Chr. wurde auch „Sextilis" umbenannt in „August" (=zu Ehren des Kaisers Augustus),

den *Gregorianischen* Kalender – durch die Reform von Papst Gregor XIII (1502 n.Chr. -1585) – mit der Festsetzung, dass alle durch vier teilbaren Jahre Schaltjahre sein sollen.

Zur Bedeutung:

Ein regelmäßiger Rhythmus der Tage, Wochen, Monate und Jahre, der im Einklang steht sowohl mit der Natur und dem Lauf der Gestirne als auch der Kultur und den Traditionen, der Geschichte und der Bildung kann wie ein Kompass sein, dem einzelnen Menschen und der Gemeinschaft Orientierung geben; wie ein Geländer, das Halt gibt; wie eine Quelle, die neue Energie, Zuversicht und Freude vermittelt. Wie ein Weg mit Wegweisern, der für alle begehbar ist und in die Zukunft führt, die offen ist, aber nie ohne Sinn.

Kirchenjahr: Christlicher Festkalender

Das Kirchenjahr ist ein christlicher Festkalender, der alle kirchlichen Feste, die auf ein Jahr verteilt sind, umfasst. Es beginnt in den *West*kirchen – seit dem Mittelalter nicht mehr zu Ostern oder zu Weihnachten – am 1.Advent, in den *Ost*kirchen am 1. September.

Ausgangspunkt war der Sonntag (=„Tag des Herrn", „1. Tag der Woche"), der an die Auferstehung Jesu von den Toten erinnerte, und neben oder an die Stelle des jüdischen Sabbats (="Ruhetag", „7.Tag der Woche") trat, sowie das *Osterfest* an Stelle des jüdischen Passafestes tretend (="Tag der Erinnerung an die Befreiung des Volkes Israels aus Ägypten"). Der Kalender hat im Datum „unbeweglich", aber auch „bewegliche" Tage.

Die Bezeichnungen im Kirchenjahr haben folgende Bedeutung:

Epiphanias= Fest der Erscheinung des Herrn, 6. Januar

Septuagesimä= „der 70." Tag vor Ostern, 1. Sonntag der Vorfastenzeit

Sexagesimä= „der 60." Tag vor Ostern, 2. Sonntag der Vorfastenzeit

Estomihi= „Sei mir" ein starker Fels (Beginn Psalm 31,3b), Sonntag vor der Fastenzeit

Aschermittwoch= 1. Tag der Fastenzeit

Invokavit= „Er hat mich gerufen" (Psalm 91,15), 1. Sonntag in der Fastenzeit

Reminiscere= „"Gedenke" (Psalm 25,6), 2. Sonntag in der Fastenzeit

Okuli= „Augen" (Psalm 25,15), 3. Sonntag in der Fastenzeit

Lätare= „Freue dich" (Jesaja 66,10), 4. Sonntag in der Fastenzeit

Judika= „Richte mich" (Psalm 43,1), 5. Sonntag in der Fastenzeit

Karwoche= „Klage. Trauer", vorösterliche Woche des Leidens und Sterbens Jesu

Palmarum= der Tag des Einzugs Jesu in Jerusalem, 6. Sonntag in der Fastenzeit

Gründonnerstag= der Tag der Einsetzung des Heiligen Abendmahls

Karfreitag= Tag der Kreuzigung Jesu

Ostern= Tag der Auferstehung Jesu Christi

Quasomodogeniti= „Wie eben erst geboren" (1.Petrus 2,2), 1. Sonntag nach Ostern

Miserikordias Domini= „Die Barmherzigkeit des Herrn" (Psalm 89,2), 2. Sonntag nach Ostern

Jubilate= „Frohlocket" (Psalm 66,1), 3. Sonntag nach Ostern

Kantate= „Singet" (Psalm 98,1a), 4.Sonntag nach Ostern

Rogate= „Betet" (Johannes 16,24), 5. Sonntag nach Ostern

Christi Himmelfahrt= Aufnahme des Herrn, 40. Tag nach Ostern

Exaudi= „Höre" (Psalm 27,7), 6. Sonntag nach Ostern

Pfingsten= Fest der Ausgießung des Heiligen Geistes

Trinitatis= Dreifaltigkeitsfest

Buß- und Bettag= Tag in der Mitte der vorletzten Woche des Kirchenjahres

Totensonntag/Ewigkeitssonntag= Tod als Ende und zugleich Neuanfang, Ende Kirchenjahr

Adventszeit= Zeit der Vorbereitung auf das Weihnachtsfest, 1. Advent=Beginn des Kirchenjahres

Weihnachten= Fest der Menschwerdung Gottes

Zur Geschichte:

Die ersten Christen feierten am *Sonntag* das Gedächtnis des Todes und der Auferstehung Jesu.

Ab dem 2. Jahrhundert – die Erwartung der Wiederkehr Christi hatte nachgelassen – wurde darüber hinaus zu *Ostern* – seit dem Konzil zu Nicäa 325 der Sonntag nach dem ersten Frühlingsvollmond – jährlich an den „gekreuzigten und auferstandenen Herrn" gedacht.

Im 3. Jahrhundert – 40 Tage nach Ostern – kamen die Feier der *Himmelfahrt* Jesu und – 50 Tage nach Ostern – *Pfingsten* als Fest der Ausgießung des Heiligen Geistes hinzu. Vor diesen Festen gab es eine *Fastenzeit*, die mit Aschermittwoch begann und auf die Feiern vorbereiten sollte.

Im 3. und 4. Jahrhundert wurde das Kirchenjahr durch *Weihnachten* als Fest der Geburt Jesu und *Epiphanias* als Tag der Erscheinung des Herrn erweitert.

Im 5. Jahrhundert wurde die *Adventszeit* eingeführt, die das Weihnachtsfest vorbereiten sollte.

Der geschichtliche Entstehungsprozess des Kirchenjahres mit seinem festen Rhythmus hatte mit *Weihnachten* und *Ostern* zwei Kristallisationspunkte. Papst Gregor der Große (540-604) orientierte sich bei der inhaltlichen Füllung der Festtage durch bestimmte *Lesungen* aus den Evangelien und Episteln (= „Perikopen"="Abschnitte der Bibel") sehr stark auf das Werk „De civitate Dei" (="Vom Gottesstaat") des Kirchenvaters Augustinus (354-430). Augustinus verstand den Ablauf der „Heilsgeschichte" im Kontext seines Modells der beiden gegensätzlichen „civitates" von *„Gottesbürgerschaft"* und *„Teufelsbürgerschaft"*, unterschied die Zeit *vor* Ostern als Zeit der Versuchungen und Drangsale des menschlichen Lebens von der Zeit *nach* Ostern als Zeit der Sicherheit und Freude, die jeweils festlich begangen werden sollten („zelebriert"). Nach seinem Modell wurden die Gemeinschaften (="civitates"), die miteinander verbunden waren, in Kirchenfesten konkretisiert und aktualisiert.

Seit dem Mittelalter erhielten Kirchenjahreszeiten und Feste *symbolische Farben*; z.B. Oster- und Weihnachtszeit „Weiß" (=Licht, Freude, Reinheit, Vollkommenheit),

Pfingsten „Rot" (=Feuer, Liebe, Blut), Sonntage nach Epiphanias und Trinitatis „Grün" (=Leben, Saat, Hoffnung), Fastenzeiten „Violett" (=Sehnsucht, Buße), Karfreitag „Schwarz" (=Trauer, Finsternis).

Zur Bedeutung:

Der Sinn des Festkalenders erschließt sich, wenn die alte Botschaft des jeweiligen Datums neu bedacht, erlebt und dadurch vergegenwärtigt wird. Ein kirchliches Fest kann so zu einem persönlichen Fest christlicher Gewissheit werden. Ein aktuelles Nachdenken und Nacherleben eines vergangenen Geschehens erweitert und vertieft das eigene Leben und vermittelt gleichsam

Geistigen und seelischen Proviant für den weiteren Lebensweg im Alltag und für den Alltag. Der Gehalt eines Festes ist deshalb nicht nur für den Zeitpunkt des Festes selbst wichtig, sondern gilt für alle Zeiten und für unterschiedliche Situationen.

Weihnachten:
Menschwerdung statt
Vergötzung des Menschen

Der Name „Weihnachten" kommt nicht von *„Wein-Nacht"*, vom Winterfest der heidnischen Germanen, ein Fest mit hohem Bier- und Weinkonsum. Wohl aber von *„geweihter* Nacht", in der Jesus geboren wurde, einer Zeit der „geweihten Nächte" der Heiden um die Wintersonnenwende herum.

Zum Ursprung: Die Römer feierten am 25. Dezember die *Geburt des Sonnengottes Mithras*, den Geburtstag der „unbesiegten Sonne". Die römische Kirche jedoch gab diesem Tag als „Fest der *Geburt Christi"* einen neuen Inhalt: Jesus Christus habe den heidnischen Sonnenkult besiegt, sei die „wahre Sonne", die „Sonne der Gerechtigkeit" (Maleachi 3,20), das „Licht der Welt" (Joh. 8,12).

Als Gegenfest zur Überwindung verschiedener heidnischer Feste wurde Weihnachten in Rom um 350 am 25. Dezember – für die damalige Kirche auch der Jahresbeginn - gefeiert; zuvor im Osten am 6. Januar als Fest der „Menschwerdung des göttlichen Wortes" bzw. als Fest der „Erscheinung Jesu" (Epiphanias).

Kaiser Konstantin (306 bis 337 n.Chr.) – bevor er einen Zugang zum christlichen Glauben bekam war er ein Verehrer des Sonnengottes - , hatte das Geburtstagsfest auf den 25. Dezember gelegt, das jedoch erst bei den Westgoten 506 n.Chr. und unter Kaiser Justinians erst 534 zum staatlichen Feiertag erklärt wurde.

Zu den Quellen: Nur die Evangelien Matthäus und Lukas erzählen von der Geburt des Gottessohnes; Markus und Johannes sowie die Autoren der biblischen Briefe schweigen im Blick auf die Geburt Jesu.

Lukas berichtet nach der Geburt Jesu von der Verehrung Jesu durch *Hirten*; Matthäus von der durch *Magier* mit ihren Geschenken Gold, Weihrauch und Myrrhe sowie von der Rettung Jesu vor der Verfolgung des Königs Herodes.

Alle Evangelien berichten, dass Jesus ein Galiläer war und aus Nazareth stammt. Da Lukas in seinem Evangelium wohl die jüdische Tradition der Herkunft des Messias aus Bethlehem, aus der Stadt und dem Hause Davids, bedacht hat, erzählt er auch von der Wanderung Josephs und Marias von Nazareth nach Bethlehem. Die fand nach Lukas wegen der Schätzung des Quirinius (45v.bis 21 n.Chr., Statthalters von Syrien) statt, die der Kaiser Augustus (Alleinherrscher des Römischen Reiches von 31.v.Chr. bis 14 n.Chr.), angeordnet hatte.

Zur Bedeutung: Das Geburtstags*kind* Jesus ist für seine feiernden Nachfolger auch Geburts*helfer* neuer Gewissheiten: Im Blick auf das Kind in der Krippe kam zwar kein „normales Kind" oder ein „bedeutender Religionsstifter" zur Welt, auch kein Gott mit einem Schwert oder einem politischen Rezeptbuch, wohl aber ein „Gott mit Herz" als der befreiende und versöhnende Friedensstifter des ganzen Menschen.

Ein Mensch muss seit dieser Geburt – und das war und ist das Geheimnisvolle der Geburt geblieben - keine Treppe zum Himmel hinaufsteigen, um Gott gnädig zu stimmen, sondern Gott selbst begegnet dem Menschen auf dem Boden der Realität, sogar in menschlicher Armut, Hilflosigkeit und Heimatlosigkeit – bedingungslos, grenzenlos und ausnahmslos durch die Macht seiner schöpferischen Liebe, die in einem Menschen und um einen Menschen Kreise zieht.

Die Menschenvergötzung und Selbsterlösung des Menschen enden und die Menschwerdung des Menschen beginnt durch die Menschwerdung Gottes – durch den rettenden Glauben an die Geburt Jesu Christi.

Silvester:
„Einen guten Rutsch"

Silvester erinnert an den Todestag von Silvester I, Bischof von Rom (314-335 n.Chr.), der am 31. 12. 335 in Rom gestorben war und zum Patron des Jahreswechsels wurde.

Zur Geschichte:

1691 erklärte Papst Innozenz XII (1691-1700) den 1. Januar zum ersten Tag des Jahres und den 31. Dezember zum Gedenktag des heiligen Papstes *Silvester* I, der u.a. wegen seiner Standfestigkeit während der Zeit der Christenverfolgungen unter dem römischen Kaiser Diokletian (284-305) berühmt sowie 314 Bischof von Rom und damit gleichzeitig Papst geworden war.

325 war das Erste Allgemeine Konzil von Nicäa, das nach dem Ende der Christenverfolgungen von Kaiser Konstantin (306-337) einberufen wurde (Konstantin: „Der Sohn ist eines Wesens mit dem Vater."), an dem aber Papst Silvester „aus Altergründen" nicht teilgenommen hatte.

Zwischen 750 und 850 entstand die „Konstantinische Schenkung" (Kaiser Konstantin habe dem Papst Silvester I. die Stadt Rom sowie das ganze Abendland geschenkt und erlaubt, die kaiserlichen Insignien zu tragen), die die Grundlage der päpstlichen weltlichen Machtansprüche darstellte, die jedoch im 15. Jahrhundert als Fälschung entlarvt wurde.

1582 wurde der Jahreswechsel mit der Kalenderreform des Papstes Gregor XIII (1502-1585) vom 24. Dezember auf den 31. Dezember gelegt. Zuvor gab es im Mittelalter und in der frühen Neuzeit bis zu sechs unterschiedliche Jahresanfänge.

Zur Bedeutung:

Manche sagen zum Jahreswechsel *„Prosit"* („Es möge gelingen!") nach dem Motto „Neues Jahr, neues Glück". Andere wünschen einen *„Guten Anfang des Jahres!"* im Blick auf „Rosch ha schana", dem Wunsch zum jüdischen Neujahrsfest. Wieder andere *„Einen guten Rutsch!"* im Sinne von „Gute Reise" oder wie Goethe es formuliert hat: „Sonntag rutscht man auf das Land."

Keine Deutung blickt nur zurück, jede blickt vorwärts. Nach dem Monat der Stille sowie der Advents- und Weihnachtszeit soll für viele Christen und Nichtchristen das neue Jahr insbesondere mit Glückwünschen sowie mit Spektakel zur Vertreibung „alter Geister" begrüßt werden.

Doch der Monat Januar hat nicht ohne Grund seinen Namen von „Janus", dem zweiköpfigen Gott erhalten: Rückblick und Ausblick lassen sich nicht einfach trennen. Sie bilden eine Einheit, weil Menschen im Strom der Geschichte zwar rückwärts blicken können, jedoch gleichzeitig in eine Zukunft getrieben werden, die offen bleibt, letztlich keiner kennt und die sehr schnell Spuren neuer Vergangenheiten hinterlässt.

Nichtsdestotrotz kann Silvester wenigstens für kurze Zeit eine kleine Insel im flüchtigen, schnellen und schnelllebigen Strom des Lebens sein. Um im Unheimlichen, im Unvorhersehbaren und im Unbegreiflichen nicht unterzugehen, sondern mit Mut und Zuversicht sowie mit Gott- und Christusvertrauen künftige Herausforderungen meistern zu können. Denn sollte Gott selbst, der den Strom des Lebens geschaffen hat, nicht die Macht und Kraft haben, Stürme der Spannungen und Konflikte in einem Menschen und um ihn herum durch den Geist seiner Liebe zu bewältigen und den Gottvertrauenden zur Verantwortung vor ihm, vor der Mit- und Nachwelt zu befähigen?

Epiphanias:
Weisheit der Könige

Epiphanias („Erscheinung"), das „Fest der Erscheinung des Herrn" am 6. Januar, erinnert an die Erscheinung des Göttlichen im Menschlichen der Person Jesu, *ev.* und *kath.* Christen vor allem an die Ankunft der Weisen bzw. der Heiligen Drei Könige aus dem Morgenland, *orth.* Christen an die Geburt Jesu in Bethlehem.

Zur Geschichte:

Die biblische Quelle des kirchlichen Festes, Matthäus 2.1-11, berichtet von Weisen aus dem Morgenland, die durch den Stern von Bethlehem zum Geburtsort Jesu geführt worden seien. Dort sei das Jesuskind, der „König der Juden", von den Weisen angebetet und mit Gold, Weihrauch und Myrrhe beschenkt worden. Über die Anzahl der Weisen – Sterndeuter bzw. Magier? – gibt der Bericht keine Auskunft.

Um 300 n. Chr. entstand am 6. Januar „Epiphanias" als erstes kalendarisch festgelegtes Fest der Kirche. Der 6. Januar war auch im alten Ägypten ein wichtiges Datum, da an diesem Tag an die Geburt des Sonnengottes Aion gedacht wurde, bei der ein Stern am Himmel erschienen sein soll.

Zu den Inhalten des kirchlichen Festes gehörten zunächst u.a. die „Geburt Jesu", „Jesu Taufe", „Kindheit Jesu", das „erste Wunder Jesu". Als im Jahre 423 n.Chr. die röm. Kirche die Feier der Geburt Jesu auf den 25. Dezember legte, wurden in den Westkirchen die Inhalte auf die Epiphaniaszeit mit sechs Gottesdiensten verteilt. Orthodoxe Kirchen feierten bzw. feiern weiterhin am 6. Januar „Weihnachten".

Im Laufe der Geschichte wurden aus „Weisen" der Bibel „Könige" der Legendenbildung mit den Namen Caspar, Melchior und Balthasar, die im 14. Jahrhundert die damalige Welt – die drei Kontinente Europa, Asien und Afrika – symbolisierten.

Zum heutigen „Fest der Heiligen Drei Könige" zählt das Brauchtum, dass Kinder als Sternensinger singend von Haus zu Haus gehen, um vor allem für Kinder in Not Spenden zu sammeln. Mit dem Kreidezeichen C+M+B an den Türen der Häuser hinterlassen die Boten der Nächsten- und Fernstenliebe nicht nur die Abkürzungen der Namen der Könige, sondern auch die Abkürzungen des Segenszeichens Christus mansionem benedicat *(„Christus segne diese Wohnung").*

Zur Bedeutung:

Zur Weisheit aller Könige und Mächtigen gehört: Wir kommen und gehen. Unsere Paläste und Türme vergehen. Wir tragen vor Gott und den Menschen eine Verantwortung auf Zeit. Zur Weisheit der Gottvertrauenden gehört darüber hinaus: Gott sitzt im Regiment, ist Sinn- und Kraftquelle allen Lebens und hat das letzte Wort. Mit der Geburt Jesu hat Gott selbst das Licht des Lebens sichtbar entzündet, das die Angst im Leben und vor dem Leben durch Gottes- und Christusvertrauen vertreibt. Der Geist dieser Weisheit kann in jedes Haus des Lebens einziehen, wenn die Tür der Liebe und Vernunft geöffnet wird.

Valentinstag: Tag der Liebe und der Liebenden

Der Gedenktag am 14. Februar erinnert an St. Valentin aus dem 3. Jahrhundert n. Chr., Bischof von Terni in Italien, der später zum Schutzpatron der Liebenden, aber auch der Jugend, der Reisenden und Imker wurde.

Zur Geschichte:

Vieles liegt im Dunkeln. War Valentin ein *Mönch*, der Blumen aus dem Klostergarten an Paare verschenkte?

Ein *Bischof*, der heimlich christliche Paare traute, obwohl es verboten war und er deshalb hingerichtet wurde? Ein *Heiliger*, der einen jungen Menschen von seiner Blindheit geheilt hatte, die dankbare Familie taufte und deshalb den Märtyrertod erlitt? Ein *Intellektueller*, der den Kaiser durch seine Redekunst so provozierte, dass er ihn an einem 14. Februar töten ließ? Hat Valentin überhaupt gelebt?

Am 14. Februar gab es jedenfalls im antiken Rom einen Feiertag zu Ehren der Göttin Juno, der Schützerin von Ehe und Familie, die mit ihrem leidenschaftlichen Ruf - im Liebesfieber? - auch Tiere aus dem Winterschlaf zur Paarung ermutigt haben soll. An diesem Feiertag wurden Frauen besonders mit Blumen geehrt. Vielleicht hat sich später - durch kirchlichen Einfluss - der Priester Valentin mit seinem guten Ruf und Einsatz für Liebende angeboten, das Thema „Liebe" am 14. Februar zu „christianisieren", also mit seiner Person neu zu verknüpfen und zu erklären.

Im 14. Jahrhundert wurde der 14. Februar immer mehr mit der „romantischen Liebe" gefüllt. Der „Tag der Offenen Herzen" etablierte sich durch europäische Auswanderer in den USA und dann auch in Kontinentaleuropa.

Heute genießt der Tag weltweit durch viele Zeichen der Liebe und Zuneigung besondere Beachtung. Zum Beispiel in *Deutschland* (insbesondere durch Blumen), in *England* (Liebesgedichte), in *Italien* (Liebesbrief- Wettbewerb), *USA* und *Indien* (Grußkarten). In *Japan* werden Männer am 14. Februar mit weißer Schokolade beschenkt, am 14. März erhalten dann Frauen „Gegengeschenke", z.B. eine Einladung zum Essen. In allen Geschenken stecken Botschaften. Schokolade, die selbst gemacht ist, kommt „von Herzen"; die Schokolade, die teuer, aufwendig und in rosa Papier verpackt ist, weist auf die „Beliebtheit des sympathischen Chefs" hin; die billige Schokolode auf die „Unbeliebtheit des Chefs".

Zur Bedeutung:

Der Tag kann, muss aber kein Tag des ausschließlichen Kommerzes oder des Konsums sein. Er kann, muss aber kein Tag nur für Verliebte und Liebende, für Sehnsüchtige und Romantiker sein. Er kann, muss aber aus der romantischen Liebe keine Ideologie machen und ist deshalb auch kein pauschaler Angriff gegen Singles oder die arrangierte Ehe.

Der Tag der Liebe erinnert vielmehr an eine umfassende Liebe, die den Liebeskummer und das Scheitern der

Liebe, aber auch Liebeskümmerer und Neuanfänge mit bedenkt. Der Tag weist vor allem über sich selbst hinaus auf die Liebe hin, die als dynamische Kraft und Chance mitten im Alltag die freie Wahl von Liebes- und Lebenspartnern ermöglicht.

Die Liebe nach Schema F gibt es nicht, da jeder Mensch anders ist. Aber das Bauchgefühl und die Leidenschaft sowie Vertrauen und Verantwortung gehören stets dazu.

Eine Liebeserklärung - in welcher Form auch immer - am möglichen Beginn einer Beziehung kann Falschgeld oder Schminke sein, aber auch ein Juwel, wenn Herz gezeigt und zärtlich an eine Herzenstür geklopft wird – in der Hoffnung auf Einlass sowie auf ein Herz und eine Seele.

Karfreitag:
Tag der Wiederentdeckung
der Gemeinschaft mit Gott

Ein Mann, der fast blind ist, liegt im Sterben. Er kämpft gegen den Tod. Und mit dem Tod ums Überleben. Verzweifelt versucht er, seine Angst vor dem Tod zu bezwingen. Und schwitzt Blut, Schweiß und Tränen. Seine Schmerzen, sein Aufbegehren und sein Kampf sind die Glut unter der Asche seiner unheilbaren Krankheit.

Da reicht ihm einer ein Kruzifix. Erst ein wenig erstaunt und flüchtig, dann langsam und immer intensiver berührt er mit seinen Händen den Körper Jesu, der an ein Kreuz genagelt ist. „Jesus", stammelt er plötzlich, „was hast du gelitten." Und je mehr er sich in die Gestalt des leidenden Mannes versenkt, desto häufiger entdeckt er Spuren seines eigenen Leidens. Er erkennt, dass er nicht allein mit seinem Leid ist. Und er erlebt, dass das Mitleiden mit Jesus sein Leiden tröstet.

Er kann zwar seine neuen Erfahrungen nicht in klare Worte fassen und anderen einfach vermitteln. Aber er verspürt, wie eine liebende Kraft ihn zärtlich berührt, vorsichtig umarmt, sein Herz mit Vertrauen füllt und seinen Körper mit Glückseligkeit warm durchflutet.

Er muss sich nicht länger auflehnen, auch sich nicht einfach mit seinem Schicksal abfinden. Er darf weinen, weil Gott selbst seine Tränen trocknet. Er kann seine Schwächen zeigen, weil Gott die Schwächsten der Schwachen am meisten liebt. Er kann kämpfen als kämpfte er nicht, weil Gott in der Hölle Jesu, die er am

Kreuz erlitten hat, die Tür zum Himmel öffnete. Und die im festen Glauben an die befreiende und heilsame Kraft Gottes geöffnet bleibt.

Karfreitag ist nicht nur ein *freier Feiertag*. Er ist mehr als ein *Rüsttag* zum Osterfest (althochdeutsch *„karen"* = „rüsten"), mehr als ein *Trauertag* wegen des Leidens und Sterbens Jesu Christi am Kreuz (althochdeutsch *„kara"* = „Klage", „Trauer", „Kummer"), auch mehr als ein *Guter Freitag* im Sinne von Martin Luther (lateinisch „carus" = „lieb", „gut", „teuer").

Karfreitag kann dann ein *Tag der Wiederentdeckung der Gemeinschaft mit Gott* sein – im Leben wie im Sterben.

Ostern: Ereignis neuen Lebens

Ostern, das älteste christliche Fest sowie das Hauptfest des Kirchenjahres, wird als *Fest der Auferstehung Jesu* am ersten Sonntag nach dem Frühlingsvollmond gefeiert.

Es gibt offene Fragen: Stammt der Name von einem altgermanischen Frühlingsfest ab? Wurde dieses Fest in vorchristlicher Zeit im ersten Frühlingsmonat zu Ehren der Licht- und Frühlingsgöttin mit Namen „Eostra" gefeiert (altgermanisch „austro", lateinisch „aurora" = „die Morgenröte")? Und im Zuge der *Christianisierung* mit dem christlichen Fest in Verbindung gebracht, weil das leere Grab Jesu „früh am Morgen, als eben die Sonne aufging" (Markus 16,2) entdeckt worden war und später sich viele neue Christen „bei Sonnenaufgang" am Ostermorgen taufen ließen?

Zum Ursprung: Zunächst wurde das Gedächtnis der Auferstehung Jesu *jeden Sonntag* am „Tag der Auferstehung Jesu" gefeiert. In der jüdischen Pessachwoche - mit der Erinnerung an die Befreiung der Israeliten aus der Sklaverei - hatte Jesus, selbst Jude, mit seinen Jüngern das letzte Abendmahl am 14. Nisan gefeiert. Es war der jüdische Rüsttag zum Passahfest mit Schlachtung der Lämmer (später wurde der Tag von den Christen „Gründonnerstag" genannt, Tag der Einsetzung des Abendmahles). Einen Tag später war Jesus gestorben („Karfreitag"); er wurde begraben („Karsamstag" als Tag der Grabesruhe) und bei Anbruch der neuen Woche, am „Ostersonntag", am „dritten Tag gemäß der Schrift", von den Toten auferweckt. (vergleiche 1.Kor 15,3-4). Zudem war Jesus am Abend des ersten Tages der Woche auch einigen seiner Jünger erschienen.

Zur Geschichte:

Zur *Jahresfeier* entwickelte sich Ostern wohl im Zusammenhang mit dem jüdischen Pessach- oder Passahfest, das jährlich am 14. Nisan (= 1. Monat im jüdischen Kalender) begangen wurde. Christen deuteten es offensichtlich als *christliches* Passahfest um: Christus – im Kontext seines Sühnetodes - wurde zum „Passahlamm" (1.Kor.5, 7). Und in ihrer Eucharistiefeier vergegenwärtigten sich die Christen zugleich die Botschaft des christlichen Sonntages, die Auferstehung Jesu.

Seit dem 2. Jahrhundert – die Erwartung der Wiederkunft Christi, die „Parusie", hatte nachgelassen – wurde Ostern in Rom als rein *heidenchristliches* Fest am Sonntag nach dem 14. Nisan – Tag des Frühlingsvollmondes - gefeiert: Eine *Osternachtfeier* („Ostervigil") mit u.a. Eucharistiefeier, Entzünden der Osterkerze, Taufen der Katchumenen gehörte dazu. Vorangegangen war eine *(Vor-)Fastenzeit* mit Karwoche; es folgte eine *Freudenzeit* mit Himmelfahrtsfest und dem Pfingstfest als Abschluss.

Christen in Kleinasien und Syrien feierten jedoch weiterhin Ostern am 14. Nisan. Das *Konzil zu Nicäa* im Jahre 325 fand in der strittigen Terminfrage einen Kompromiss: Einheitlich wurde Ostern auf den 1. Sonntag nach dem 1. Frühlingsvollmond gelegt, also frühestens am 22. März, spätestens am 25. April.

Zur Bedeutung:

Ostern kann für Christen die *Wende* sein: Die *Gewissheit* der siegreichen Auferstehung Jesu, die Neuschöpfung Gottes, verändert auch das eigene Leben. Sie schenkt Licht in der Finsternis, Hoffnung in der Ohnmacht und Liebe im Tal der Angst. Das Leben kann angesichts des Todes dennoch, trotz allem und wider den Augenschein, mit Sinn und Freude gefüllt werden - im vertrauensvollen Rückblick auf den auferstandenen Gekreuzigten und durch glaubwürdige Gegenwartszeugen als Ereignis neuen Lebens.

Muttertag:
Mütter achten und ehren

Der Muttertag am 2. Maisonntag erinnert an besondere Frauen, an eine Feministin und Frauen der Frauenbewegung, aber auch an die Lebensleistung der eigenen Mutter sowie an alle Frauen, die sich für ein soziales Miteinander und Versöhnung einsetzen.

Zur Geschichte:

Anna Jarvis (1864-1948), eine unverheiratete und kinderlose Lehrerin und Tochter eines Methodisten Pfarrers aus West Virginia, setzte sich für politische Ziele der Frauenbewegung wie das Frauenwahlrecht ein.

Als ihre ebenfalls politisch aktive Mutter am 9. Mai 1905 starb, warb sie für ein jährliches Gedenken an die Lebensleistung ihrer Mutter, die 1858 „Mother's Work Days" für den Kampf gegen hohe Kindersterblichkeit und für bessere sanitäre Anlagen gegründet hatte.

Mit dem ersten Muttertag 1908 – Anna Jaris verteilte nach einem Gottesdienst 500 Nelken, die Lieblingsblume der Mutter - sollte an die „Werke aller Mütter" gedacht werden, besonders an die soziale und politische Rolle von Frauen in der Gesellschaft. Der Muttertag sollte ein Gedenktag sein, kein Geschenktag.

1914 wurde der Muttertag zum amerikanischen Feiertag erklärt (die Mütter Amerikas als „zärtliche Armee").

Ab 1922 engagierte sich der Verband Deutscher Blumengeschäftsinhaber für die Feier zu Ehren „der stillen Heldinnen unseres Volkes".

1933 wurde der Muttertag von den Nationalsozialisten mit ihrem NS-Mutterkult missbraucht (für „Führer, Volk und Vaterland" Kinder bekommen).

Nach 1945 wurde der Muttertag zunächst *abgeschafft*; in den *fünfziger Jahren* in der Bundesrepublik *wiederbelebt*.

Zur Bedeutung:

Als Gedenktag ist der Muttertag für viele Menschen zugleich ein Tag des Dankes sowie der Ehrung im Blick auf das Lebenswerk der eigenen Mutter. Dieser Dank kann zum Beispiel besonders begründet sein, wenn eine Mutter nicht nur an die eigene Karriere und nicht nur an die des Kindes gedacht hat, sondern zugleich und vor allem an die Förderung der individuellen Persönlichkeitsentwicklung ihres Kindes:

Wenn Mutter und Vater mit Hilfe eines ethischen Kompasses wie Verantwortung und Mitmenschlichkeit sowie im Wissen um Sinn- und Kraftquellen die Erziehung ihres Kindes gemeinsam ernst- und wahrnehmen konnten.

Wenn sie ihre Lebenszeit teilten, auf Ego-Trips verzichteten und bei der Bewältigung von Problemen mit gutem Beispiel vorangegangen sind sowie geholfen haben, dass das Kind immer selbstständiger und eigenverantwortlicher werden konnte.

Der Muttertag kann darüber hinaus auch zum Versöhnungstag werden, wenn keine Noten verteilt werden wie „ungerechte Mutter" oder „undankbares Kind", auch keine Gefühle mit goldenen Worten vorgespielt werden, sondern von beiden Seiten Herz gezeigt wird, Verstehen, Verständnis und Verständigung eine Rolle spielen, um durch die wertschätzende Erinnerung an die gemeinsame Vergangenheit eine gemeinsame Zukunft zu gewinnen.

Für viele Kinder bleibt die Mutter stets eine Identifikations- und Leitfigur, die zur eigenen Reifung und zur eigenen Mündigkeit beiträgt, weil in jeder Mutter mit widersprüchlichen Mütterbildern eine Frau steckt – mit weiblichen Spezifika, menschlichen Ambivalenzen, sozialen Spannungen sowie mit individuellen Anziehungs- und Ausstrahlungskräften, eben ein einmaliger und unverwechselbarer Mensch mit einer unverlierbaren Würde.

Christi Himmelfahrt:
Grenzenlose Möglichkeiten Gottes

Das Fest Christi Himmelfahrt, das am 40. Tag nach Ostern gefeiert wird, erinnert an den endgültigen Abschied und die unwiderrufliche Trennung des gekreuzigten, gestorbenen und auferstandenen Jesus von der Erde in den Himmel, in den unsichtbaren und unerreichbaren Teil der göttlichen Schöpfung.

Zur Geschichte:

Jesus wird nach dem Bericht der Apostelgeschichte des Lukas vor den Augen der Jünger von einer Wolke zusehends aufgehoben und „in den Himmel aufgenommen" – wie zwei Männer in weißen Kleidern den Jüngern anschließend erläutern (vgl. Apg 1, 9-11).

Die *„Entrückung Jesu"* - „Und da er sie segnete, schied er von ihnen." (Lk 24, 51) - geschah nach dem Bericht der Apostelgeschichte nachdem Jesus 40 Tage seinen Jüngern erschienen war und ihnen Weisung durch den Heiligen Geist gegeben hatte. „Und er redete mit ihnen vom Reich Gottes." (Apg 1, 3b) Die Jünger, Augenzeugen des irdischen Wirkens Jesu, sollten zugleich Zeugen der Auferstehung Jesu sein – in der Öffentlichkeit und „bis an das Ende der Welt" (Apg 1, 8b). Und der Heilige Geist war als Lebenskraft sozusagen der Motor ihres Zeugendienstes.

Die *„Erhöhung Jesu"* – „Und der Herr, nachdem er mit ihnen geredet hatte, ward er aufgehoben gen Himmel und setzte sich zur rechten Gottes." (Mk 16, 19) – geschah, um am unsichtbaren und sichtbaren Wirken Gottes im Himmel und auf Erden durch den Heiligen Geist teilzuhaben.

Der Evangelist Lukas berichtet, dass die Himmelfahrt Christi *am Auferstehungstag* in der Nähe Bethaniens sozusagen als Abschluss des Lebens Jesu stattgefunden habe; in seiner Apostelgeschichte ist von der Himmelfahrt erst *nach 40 Tagen* am Ölberg die Rede, sozusagen als Anfang der Zeit der Kirche, um sie mit der Zeit Jesu zusammenzuführen.

Zunächst feierten die Christen am Pfingstfest die Himmelfahrt Christi mit; seit 370 wurde es ein eigenständiges Fest 40 Tage nach Ostern.

Zur Bedeutung:

Der sichtbare Himmel – englisch *„sky"* – kann vom unsichtbaren Himmel – englisch *„heaven"* – unterschieden werden. Gleichwohl gibt es einen allumschließenden Zusammenhang: Der *naturwissenschaftliche* Himmel um einen Menschen herum kann die Augen für die schöpferische Hand Gottes öffnen; der *religiöse* Himmel in einem Menschen kann eine Triebfeder für die Suche nach den Gesetzen der Natur sein. Kein Himmel hat eine Rückseite oder ist ein Gegenstand, um den man herumgehen kann. Jeder Himmel ist nah und zugleich fern. Der Himmel als Horizont der Erde und die Erde als Abglanz des Himmels sind nicht voneinander zu trennen.

Jesus Christus hat die Tür zum unsichtbaren Reich Gottes im sichtbaren Horizont der Welt geöffnet. Der Geist Christi wohnt nicht nur am unsichtbaren Sitz Gottes oder der Engel, auch nicht nur am Aufenthaltsort der seligen Toten oder am Ort der ewigen Glückseligkeit und des göttlichen Lichtes, sondern er wirkt erfahrbar in der sichtbaren Welt durch das Wort Gottes, die göttlichen Sakramente und seine Zeugen.

Himmelfahrt bedeutet „Jesus ist im Himmel - bei Gott". Das Fest Christi Himmelfahrt lädt ein, an die unendlichen und grenzenlosen Möglichkeiten Gottes jenseits der endlichen und begrenzten Möglichkeiten der Menschen zu glauben. Und das Wirken des Geistes Christi schon hier auf der Erde zu entdecken. Um sich vom Geist der Liebe von himmlischen Kräften der Vernunft bewegen zu lassen.

Pfingsten:
Kraft aus der Höhe

Pfingsten (= „fünfzigster Tag"), ein christliches Fest, das 49 Tage nach Ostern gefeiert wird und an die Ausgießung bzw. Aussendung des Heiligen Geistes sowie an die Gründung der Kirche erinnert.

Zur Geschichte:

Das dritte Hochfest der Kirche (neben Ostern und Weihnachten) stammt aus <u>jüdischer</u> Tradition:

Nach dem „Passahfest" (Erinnerung an den Auszug aus Ägypten bzw. an die Befreiung aus der Sklaverei) wurde am 50. Tag das jüdische „Wochenfest" („Chag schawuot") als Erntedankfest nach der Weizenernte, auch als Pilgerfest, später als Erinnerungsfest an die Gesetzgebung auf dem Berg Sinai („Zehn Gebote") fröhlich tanzend (="Chag") gefeiert.

Als die Apostel und Jünger Jesu zum Wochenfest (auch „Pentekoste" = „50.Tag") in Jerusalem versammelt waren, sind sie nach dem Bericht der Apostelgeschichte vom Heiligen Geist erfüllt worden: *Da kam plötzlich vom Himmel her ein Brausen, wie wenn ein heftiger Sturm daherfährt, und erfüllte das ganze Haus, da sie saßen. Und es erschienen ihnen Zungen wie von Feuer, die sich verteilten; auf jeden von ihnen ließ sich eine nieder. Alle wurden mit dem Heiligen Geist erfüllt und begannen, in fremden Sprachen zu reden, wie es der Geist ihnen eingab." (Apg. 2,2-4)*

Zum <u>christlichen</u> sowie eigenständigen Fest des Heiligen Geistes mit Taufen wurde Pfingsten im 4. Jahrhundert, zum Hochfest mit eigener Oktav (Pfingstmontag und Trinitatis = Dreifaltigkeitsfest am ersten Sonntag nach Pfingsten) im 7. Jahrhundert.

Zur Bedeutung:

Nach der Apostelgeschichte hat der Apostel Petrus in einer Predigt das Pfingstgeschehen heilsgeschichtlich gedeutet sowie als Beweis der Auferstehung und Erhöhung Jesus als Messias: Durch den Propheten Joel habe Gott vorausgesagt, dass er in den letzten Tagen seinen Geist über alles Fleisch ausgießen werde (vgl. Apg. 2, 16). Und Jesus sei von Gott auferweckt worden und habe den verheißenen heiligen Geist vom Vater empfangen (vgl. Apg. 2, 32ff). Wer den Heiligen Geist empfangen wolle, müsse umkehren und sich taufen lassen: *„Kehrt um und jeder von euch lasse sich auf den Namen Jesu Christi taufen zur Vergebung seiner Sünden; dann*

werdet ihr die Gabe des Heiligen Geistes empfangen."
(Apg. 2, 38)

Der Heilige Geist als „Kraft aus der Höhe" bewirkt Einheit in der Vielfalt – ein Gottesvolk, das sich als christliche Kirche - nicht von der Welt, aber in der Welt und für die Welt – versteht und sich zu Jesus Christus öffentlich bekennt. Das Pfingstgeschehen ist deshalb auch die Geburt der offenen und einladenden Kirche des Wortes Gottes als Gemeinschaft der Gott- und Christusvertrauenden sowie die Geburtsstunde der Mission und Diakonie. Und gibt der Kirche ein unverwechselbares Gesicht sowie einen unvertretbaren Auftrag.

Buß- und Bettag:
Ende der Flucht,
Anfang der Frucht

Buß- und Bettag, der Mittwoch vor Totensonntag: Wer in eine Sackgasse geraten ist, sollte klugerweise umkehren – wenn er denn vorankommen und seine Ziele erreichen will. Daran erinnert auch der Buß-und Bettag.

Zur Geschichte:

Seit Beginn der Kirche gibt es diesen Tag. Die ersten Christen bereiteten sich jeden Mittwoch, dem „Tag des Judasverrates", und jeden Freitag, dem „Tag des Kreuzestodes", auf den Sonntag, den „Tag der Auferstehung Jesu" vor – und zwar durch Fasten, Gebet und Almosen.

Im Laufe der Geschichte wurde der Tag für die Kirche immer mehr zu einem Tag der kirchlichen Fürbitte (das Versagen der Gemeinschaft wurde vor Gott gebracht), der öffentlichen Verantwortung (das gesellschaftliche und staatliche Leben wurde im Lichte des Evangeliums kritisiert) und der individuellen Gewissensprüfung (der einzelne Gläubige konnte sein Gewissen vor Gott prüfen und es entlasten).

Martin Luther (1483 bis 1546) kritisierte und bekämpfte feste Bußtage wegen der „käuflichen Buße" angesichts des Ablasshandels (aus Angst vor dem Fegefeuer wurden Ablassbriefe gekauft – etwa zu einem Preis eines Monatseinkommens -, um seine Sünden – ohne wirkliche Buße (?!) – vor allem seine Angst loszuwerden. Luther forderte keine sittliche Leistung, sondern eine neue „biblische Buße", die Umkehr und Erneuerung des Herzens und des Kopfes, eine „immerwährende Buße".

1532 wurde erstmalig in Straßburg auf Anordnung des Kaisers ein staatlicher Bußtag angesichts der Bedrohung durch die Osmanenkriege begangen.

1852 wurde der Tag einheitlich für alle Landeskirchen auf den Mittwoch vor Ewigkeitssonntag festgelegt, dem letzten Sonntag im Kirchenjahr, auf Empfehlung der Eisenacher Konferenz ev. Kirchenleitungen.

1939 wurde der Bußtag von Adolf Hitler durch Verlegung auf einen Sonntag faktisch abgeschafft; nach 1945 in den meisten Bundesländern als staatlicher Feiertag zum gewohnten Termin wieder eingeführt, seit 1981 bundeseinheitlich.

1995 wurde der Tag auf Beschluss des Bundestages „für die Finanzierung der Pflegeversicherung" gestrichen; nur in Sachsen blieb er gesetzlicher Feiertag.

Zur Bedeutung:

Wer vor Gott nicht flüchtet, sondern im Gott- und Christusvertrauen vor Gott seine persönliche Verantwortung im Leben wahrnimmt, braucht auch die argumentative Auseinandersetzung mit Menschen nicht zu scheuen, sondern kann mit gutem Beispiel vorangehen – und einen neuen Weg aus einer Sackgasse suchen und finden, nämlich die Frucht des Glaubens und der Liebe, in Würde und mit Vernunft.

Sonntag:
Auf diesen Freund verzichten?

Jeder kennt und mag ihn. Doch wer anerkennt und liebt ihn? Er wird von vielen freundlich gegrüßt. Doch wer spricht mit ihm, um ihn noch besser zu verstehen und schätzen zu lernen?

Die Rede ist von einem „festen Freund" der Menschlichkeit, der Freiheit und der Muße. Das Licht der Welt erblickte er am 3. März 321, als Kaiser Konstantin, der sich selbst als „Sol invictus" (unbesiegte Sonne") verstand, am „Tag der Sonne" (=„Sonntag") Arbeitsruhe verordnete. Die Anhänger des Mithraskultes, die im römischen Reich dem Sonnengott Mithras huldigten, werden sich über diesen Tag ohne „knechtische Arbeit" und Gerichtsverhandlungen gefreut haben. Und erst recht die Christen, die am „Tag des Herrn", am ersten Tag der Woche an Jesu Auferstehung von den Toten dachten. Jeder Sonntag war für sie ein kleiner Ostertag. Und Christus die „Sonne des Lebens".

Von Jesus hatten die Christen gelernt, dass der siebte Tag der Woche, der jüdische Sabbat, als Ruhetag („Sabbat"=„aufhören", „ruhen") wichtig ist, weil Gott ihn um des Menschen will geschaffen hatte – und nicht umgekehrt. Und vom Apostel Paulus hatten sie gehört, dass christliche Freiheit von rigorosen Gesetzen befreien kann. Und in der Folge haben sie nicht den Sabbat, sondern den „Herrentag" als Versammlungs- und Freudentag mit Gottesdienst und Abendmahl gewählt. Doch grundsätzlich konnten sie sich in Erwartung der „Wiederkunft Christi für die nächste Zeit" an jedem Tag zum Gottesdienst treffen.

Erst nach dem Jahr 321 mit seinem verordneten Ruhetag, der regelmäßig stattfand, etablierte und entwickelte sich der christliche Sonntag mit einer Sonntagskultur. Mal wurde in Ordnungen und Gesetzen das „Erholungsbedürfnis der Knechte und Mägde" betont, mal die „Erhaltung der Arbeitskraft und der Leistungsfähigkeit". Oder das Arbeitsverbot wurde damit begründet, dass der Gottesdienstbesuch nicht gefährdet werden solle. Das heutige Grundgesetz spricht vom Sonntag und den staatlich anerkannten Feiertagen, die „als Tage der Arbeitsruhe und der seelischen Erhebung gesetzlich geschützt" sind.

Was ist geblieben? Und was ermöglicht Zukunft? Ist der Sonntag ein „alter Kumpel" des Menschen geworden, der immer seltener ernstgenommen wird, der höchstens noch gebraucht oder missbraucht wird? Oder ist er wie ein fester Freund, der immer noch, immer wieder und trotz allem eine Unterbrechung und Auszeit, vor allem eine lebensdienliche Freundschaft anbietet? Der nervt und zugleich durch die Einladung zu neuer Freiheit und Menschlichkeit erfreut?

Einmal ganz persönlich: Mein Alltag mit Arbeit und Spannungen muss ja nicht zum Sonntag werden. Und mein Sonntag mit Freizeit und Entspannungen auch nicht zum Alltag. Es kommt wohl auf den konkreten Ausgleich an, den ich selbst zu verantworten habe. Allerdings auch auf die Überwindung von Widersprüchen: Wenn ich für den Schutz des Sonntages aus „guten Gründen" bin, kann ich mich nicht gleichzeitig am Sonntag durch unnötige „knechtliche Arbeit" (Dtn 5,12ff) versklaven und entmündigen, ohne unglaubwürdig zu werden.

Der Sonntag als Kulturgut aller, der auch meine Freiheit schützen will, braucht Regeln, die für alle gelten. Regeln kennen selbstverständlich „um des Menschen willen" Ausnahmen, aber eine Ausnahme sollte nicht zum Regelfall werden, damit sich „Menschlichkeit" nicht schleichend in Entmenschlichung verwandelt.

Mein neuer Freund Sonntag will mir jedenfalls die Tür zu einer neuen Menschlichkeitserfahrung ohne Zwang und Druck öffnen. Und in diesem Raum – vielleicht auch im gottesdienstlichen Raum?! – kann ich die „ewige Sonne schöpferischen Lebens" entdecken, meine Würde ohne Ende, göttliche Strahlen, die meinen Kopf erleuchten und mein Herz erwärmen, neuen Sinn, neue Gemeinschaft und neue Energie schenken wollen.

Und auf eine solche Freundschaft soll ich (etwa) verzichten?!

Nikolaustag:
Verkehrte Welt?

Am Nikolaustag, am 6. Dezember, kann die Welt aus den Fugen geraten. Der „Nikolaus" (griechisch „Sieger des Volkes") provoziert „verkehrte Welt". Er fragt, ohne gefragt zu sein, ob Menschen „brav und fromm", barmherzig und gerecht, verantwortungsbewusst und vernünftig (gewesen) sind. Oder ob sie (weiter) zugeknöpft bleiben wollen, selbstgenügsam, selbstgerecht, selbstsüchtig und selbsterhöht.

Der *alte* Nikolaus mit seinem faltigen Gesicht und seiner tiefen Stimme, seinem Vollbart und seinem roten Mantel, seinem Sack, dem Notizbuch und der Rute ließ Kinder erschaudern und zittern. Und Erwachsene ängstlich schmunzeln.

Der *neue* Nikolaus ist anders. Er ist ein Sympathie- und Symbolträger allgemeiner Menschlichkeit und konkreter Nächstenliebe im Vertrauen auf Gottes überraschendes Wirken in allen Ungewissheiten. Er verkörpert Weisheit und Vernunft, persönliche Verantwortung im Rahmen des Möglichen und Nötigen. Er will anderen Menschen Freude bereiten und lädt sie zu einem menschlichen Blick- und Kurswechsel ein.

Wahrscheinlich ist der *historische* Nikolaus um das Jahr 270 in der Hafenstadt Myra in Kleinasien geboren. Er wurde Priester und Abt eines Klosters, pilgerte ins Heilige Land und wurde nach seiner Rückkehr Bischof. Während der Christenverfolgung des Kaisers Galerius um 310 wurde er gefoltert, blieb aber seinem Glauben treu.

Für Nikolaus wurden zwei politisch-kirchliche Weichenstellungen wichtig:

Das Toleranzedikt von Mailand durch den neuen Kaiser Konstantin im Jahre 313 ermöglichte völlige Religionsfreiheit und die Gleichberechtigung des Christentums und führte zur Abschaffung des heidnischen Staatskultes.

Das Konzil zu Nicäa im Jahre 325, zu dem der Kaiser 280 Bischöfe für neun Wochen in seinen Sommerpalast eingeladen hatte, verhinderte eine Spaltung der Kirche, indem der Kaiser das Ergebnis des Konzils zum Reichsgesetz erhob. Der Priester Arius hatte die Auffassung vertreten, dass Christus nicht ewig sei, da er von Gott nicht gezeugt, sondern nur geschaffen sei. Der orthodoxe Patriarch Athanasius war wie Nikolaus der Überzeugung, dass Christus „wesensgleich mit Gott" sei – ein bis heute gültiges Glaubensbekenntnis.

Nach Myra zurückgekehrt, starb Nikolaus an einem 6. Dezember um das Jahr 342.

Seine Botschaft hat bleibende Bedeutung: Die „verkehrte Welt" kann durch die Haltung des Glaubens und der Liebe, der Vernunft und Verantwortung gerade gerichtet werden. Man muss wohl dem Nikolaus nur im eigenen Herzen und in der eigenen Welt begegnen.

Reformation:
Das Herz im Herzen

Kann Gott das Herz eines Menschen zum Schlagen bringen?

Hat das reformatorische Erbe eine Chance, die Gegenwart zu verändern und eine Zukunft im Glauben, in der Hoffnung und in der Liebe zu eröffnen?

Wird der reformatorische Schlachtruf „Allein" überhaupt noch gehört?

„Allein die Schrift" („Sola *scriptura*") kann einen Zugang zur Quelle neuen Lebens schaffen.

Die Botschaft der Bibel ist geistliche Quelle, aber auch ethischer Kompass und normative Instanz christlicher und kirchlicher Existenz.

„Allein durch Gnade" („Sola *gratia*") kann die geistliche Quelle entdeckt werden.

Es ist ein Geschenk des Geistes Gottes, sich *in* dem mitleidenden und selbstleidenden Gott geborgen zu wissen, sich *vor* dem freien und freimachenden Gott verantworten zu müssen und *durch* den gnädigen Gott auf Erlösung und Vollendung zu hoffen.

„Allein durch den Glauben" („Sola *fide*") können leere Hände durch das Schöpfen aus der geistlichen Quelle mit neuer Gewissheit gefüllt werden.

Der Glaube an Jesus Christus ist das lebendige Gefäß, um aus der unsichtbaren Quelle zu schöpfen und ein christliches Leben und eine kirchliche Gemeinschaft zu suchen und zu finden.

„Allein Christus" („Solus *christus*") kann das Wasser neuen Lebens, die grenzenlose und bedingungslose Liebe erfahrbar machen, die Gott ist und durch die Gott wirkt.

Jesus Christus ist selbst das Wasser des Lebens, das erhält und erneuert sowie im Meer des Lebens aus der Tiefe Kreise zieht.

„Allein aus Liebe" („Sola *caritatis*") wird neues Leben mitten im Alltag möglich – in Dankbarkeit und Demut, im Vertrauen und in Vernunft, in Verantwortung und in Leidenschaft.

Dieser unverdienbare Herzschlag kennt am Ende eines sichtbaren Lebens nur einen neuen schöpferischen Anfang. Nicht Verlogenheit, Trickserei, Neid, Gier, Angst, Unvernunft, Gleichgültigkeit oder der Unglaube haben das letzte Wort, sondern das Herz im Herzen - Gott selbst, der frei und souverän ist sowie als Urheber, Begleiter und Sinngeber allen Lebens letzte Geborgenheit und letztes Ziel schenkt, bewegt den Herzschlag ewigen Lebens.

Karneval:
Auszeit vom Alltag?

„Karneval" kann vielfältig gedeutet werden:

als „carnelevale" (= "Fleischwegnahme"),

als „carne vale" (= „Fleisch, lebe wohl") oder

als „carrus navavalis" (= „Schiffskarren").

Erinnert wird dann an den Höhepunkt bzw. an das Ende der *Volksbelustigungen* vor der vorösterlichen „fleischlosen Zeit".

Oder an die *Festumzüge* anlässlich der Wiedereröffnung der Schifffahrt, die im antiken Griechenland im Frühjahr stattfanden und bei der ein bekränztes Schiff auf Rädern ins Meer gefahren wurde.

Eine Deutungshoheit gibt es nicht – oder sollte doch ein närrischer „Naseweis" auftauchen, ein humorloser Humor mit intellektuellen Stelzen?

Zur Geschichte:

Bei der Entstehung des Karnevals könnten unterschiedliche Wurzeln eine Rolle gespielt haben -. zum Beispiel *Fruchtbarkeitskulte* der Antike (Mythen von sterbenden und auferstehenden Göttern), aber auch vorchristliche *Feste bei Frühlingsbeginn* (Bräuche, um den Winter oder böse Geister zu vertreiben).

Auf dem Konzil von Nicäa 325 n.Chr. wurde *Ostern* auf den 1. Sonntag nach dem 1. Frühlingsvollmond festgelegt; um 600 wurde die *40tägige Fastenzeit* vor Ostern eingeführt, um an die Zeit Jesu in der Wüste zu erinnern.

Ein Karnevalsfest in Venedig wurde erstmals 1094 in einer Chronik erwähnt. Verschiedene Formen des Karnevals entwickelten sich an italienischen Fürstenhöfen. Über Italien sowie Frankreich kam die Feierkultur nach Deutschland. Die erste schriftliche Erwähnung einer „*Fasnacht*" („Schwärmnacht"; „faseln" = „Unsinn treiben") - später „Fastnacht" („Dienstag nach dem 2. Vollmond im Jahr als Beginn der Fastenzeit") - stammt aus dem Jahr 1293 und befindet sich im Braunschweiger „Schichtbuch". Das Stadtbuch ist eine Chronik der Braunschweiger Bürgerunruhen („Schichten"). Die früheste Erwähnung im Blick auf das Rheinland stammt aus dem Jahr 1342, wo zunächst Handwerkszünfte die Feste gestalteten, später das Bürgertum.

Der Kirche und der Obrigkeit gelang es nicht, das vielfältige karnevalistische Treiben – vor allem die Ausschweifungen - zu verbieten; es wurde „nachsichtig" geduldet. Erst die Reformation - kirchliche Erneuerungsbewegung von 1517 bis 1648 - konnte den Karneval, insbesondere in Norddeutschland, eindämmen; der Pietismus – protestantische Frömmigkeitsbewegung im 17. und 18. Jahrhundert – bekämpfte ihn aktiv.

Im Jahr 1823 fand der erste organisierte *„Karnevalszug"* in Köln statt; der erste *„Rosenmontagszug"* (= „Maskenzug") 1838 in Mainz. Die älteste deutsche *Karnevalsgesellschaft* wurde 1872 in Braunschweig von dem Landtagsabgeordneten Max Jüdel gegründet.

„Schoduvel", der Name des heutigen Braunschweiger Karnevalsumzuges, bedeutet „Scheuch den Teufel" („duvel"= „Teufel"; „Scho"= „Scheuchen")

Zur Bedeutung:

Der Karneval ermöglicht eine organisierte und zugleich spontane Auszeit aus dem Alltag.

Das Fest der Sehnsüchte ist eine schöpferische Kraftquelle, die *integriert* (unterschiedliche Menschen kommen zusammen), die *vermenschlicht* (Menschen erleben Nähe und Gemeinschaft), die *spielerisch wirkt* (Menschen überschreiten Grenzen und schlüpfen in Rollen), die *befreit* (Menschen werden „schlechte" Gefühle los), die *Erkenntnisse schafft* (Menschen entdecken ihre Geschaffenheit und Gleichheit, Vergänglichkeit und Unvollkommenheit), die *veredelt* (Menschen blicken in einen Spiegel, können über sich selbst lachen, entdecken ihre Phantasien, ihren Hochmut und ihre Gier - und lernen, ihre gemischten Gefühle mit Leichtigkeit und Genuss zu beherrschen.)

Die „fünfte Jahreszeit" vom 11.11., um 11 Uhr 11 – offizieller Beginn am Dreikönigstag am 6. Januar – bis zum Aschmittwoch als Ende der „Feierei" schenkt folgenden Zeiten Kraft und Flügel.

Rache:
Vergebung statt Rache?

„Rache" will ein erfahrenes Unrecht bestrafen, ausgleichen und aufheben, damit eine (Rechts-) Ordnung gewahrt bleibt.

Zur Geschichte:

In der Zeit der Nomaden, die keine staatliche Rechtsordnung kannte, sollte bereits die Blutrache für begangenes Unrecht begrenzt werden, um eine Spirale der Gewalt zu verhindern. Man glaubte, dass das Blut – Quelle des Lebens und Sitz der Lebenskraft - eine Stimme habe, die nach Vergeltung rufe. Es entwickelte sich bereits um etwa 1700 vor Christus das Talionsrecht „Auge um Auge, Zahn um Zahn", „Maß für Maß" als eine heilsame Begrenzung einer maßlosen Vergeltungssucht. Der Täter sollte die gleiche Tat bzw. Verletzung erfahren, die er zu verantworten hatte.

In der Zeit des Alten Testamentes, in der auch die zerstörerischen Wirkungen unstillbaren Blutdurstes und der ungehemmten Mordgier gesehen wurden, zog der Glaube an Jahwe als den Schöpfer des Menschen und als den Herrn über Leben und Tod seines Ebenbildes universelle Grenzen. Der „Gott der Rache" (Ps.94,1) bzw.

der „Gott der Vergeltung" (Jer. 51,56) wollte auch angesichts „menschlicher Frevel" (Ps. 79,10) keinen direkten Eingriff eines „Bluträchers" in seinen Herrschaftsbereich. Deshalb wurden Schadensersatz im Einklang mit der Höhe und Schwere des Schadens entwickelt sowie Einrichtungen von Asylstätten geschaffen. Die „private Rache ohne Maß" wurde durch eine „öffentliche Rache mit Maß" durch den Glauben an die „Rache Gottes" eingedämmt und zum Schutz des Lebens Einzelner abgelöst, ebenfalls durch das Verbot der Rache innerhalb des Familienverbandes sowie durch die Möglichkeit von Ersatzleistungen zum Beispiel bei Sklaven oder Abhängigen.

In der Zeit des Neuen Testamentes wird der jüdische Grundsatz „Maß gegen Maß" übernommen, aber gleichzeitig geöffnet und durch den Maßstab der allumfassenden Liebe erweitert. Vergeltung und Vergebung gehen ineinander über: Wer richte, werde auch von Gott gerichtet; wer vergebe, dem vergebe auch Gott (vergl. Mt. 7,2). Der Glaube an den Gott aller Menschen, der Gerechten und Ungerechten Regen und Sonnenschein schenke (vergl. Mt. 5,45), könne sogar den Verzicht auf Rache und Ausgleichszahlungen zugunsten einer „besseren Gerechtigkeit" bzw. einer „besseren Welt" notwendig machen bzw. ermöglichen, um die Spirale der Gewalt zu durchbrechen. Jesu Aussage in der Bergpredigt zum Talionsgesetz „Ich aber sage euch, dass ihr nicht widerstreben sollt dem Übel" (Mt.5,38) radikalisiert das alttestamentliche Denken durch die Entscheidung für oder gegen seine Person, um durch den Glauben an ihn, der Feindesliebe (Mt. 5,45) - mit Hilfe schöpferischer Vernunft und persönlicher Verantwortung - eine reale Chance zu geben.

Zur Bedeutung:

Wer heimzahlt, zahlt mit falscher Münze und betrügt sich selbst. Der Preis ist die schleichende Lähmung und Zerstörung der eigenen Vernunft und eines glücklichen sozialen Lebens. Wer Gleiches mit Gleichem vergilt, Maßloses mit Maßlosem erwidert, öffnet die Türe zur blinden und maßlosen Eskalation der Gewalt im seelischen, geistigen, körperlichen und sozialen Raum. Die Unterbrechung der Spirale aus rein taktischen Gründen oder durch absolute Gewaltlosigkeit ohne eigene Wehrbereitschaft läuft bei brutalster Gewalt ins Leere bei allen klugen Lehren. Ein Rechtsverzicht aus dem Geist der Barmherzigkeit Gottes kann jedoch einen schöpferischen Neuanfang bedeuten.

Ein Leben mit Rachsucht macht Menschen zu unmündigen Marionetten ihrer Rache. Ein Leben ohne Rachsucht im Geiste der Liebe Christi befreit Menschen, selbstbestimmt und eigenverantwortlich zu leben. Aus erlebter Liebe, die Gott schenkt, wird gelebte Verantwortung vor Gott und dem Nächsten. Aus blinder Vergeltung sehende Vergebung in liebender Vernunft und persönlicher Verantwortung, um das Böse mit dem Guten überwinden zu können.

Seligpreisungen: Vorgeschmack auf Glückseligkeit?

Die Seligpreisungen (Matthäus 5,3 bis 12), die acht Versprechen Jesu, geben einen Vorgeschmack auf Glückseligkeit.

Der Bergprediger preist Personengruppen „selig", das heißt „glückselig":

„Die geistlich Armen": Wer entdeckt, dass er trotz seiner Leistungen vor Gott mit leeren Händen steht, weil alles vergänglich und eitel ist, der kann von Gott reich beschenkt werden – zum Beispiel mit der Gewissheit be-

dingungsloser Liebe. Das gilt für alle, auch für die wirtschaftlich Reichen.

„Die Trauernden": Wer entdeckt, dass Gott aus einem Tiefpunkt seines Lebens einen Wendepunkt oder Neuanfang machen kann, der wird durch Jesu Botschaft vom Reich Gottes getröstet – der kann wieder vertrauen und das Leben bejahen, lachen und Neues wahrnehmen, muss nicht büßen oder die Toten beklagen.

„Die Sanftmütigen": Wer entdeckt, dass Gott mächtiger als die Mächtigen ist, weil die nicht alles machen können, der erwartet alles von Gott – und muss nicht vor den Machern dieser Welt auf die Knie gehen, kuschen oder flüchten, weil er durch Gottes Macht selbst in seiner Ohnmacht eine reale Chance zum Leben bekommt.

„Die nach Gerechtigkeit Hungernden und Dürstenden": Wer entdeckt, dass Gott allein gerecht ist und alle Menschen mit gnädigen Augen betrachtet, setzt sich für mehr Gerechtigkeit in dieser Welt ein – für bessere Teilhabe- und Lebenschancen aller, der Mitwelt, der Umwelt und der Nachwelt.

„Die Barmherzigen": Zu einem glücklichen Leben im Angesicht Gottes gehört die Nächstenliebe, nicht Rührseligkeit oder Selbstaufgabe, sondern persönliches Mit-

fühlen, Mitdenken, Mithelfen und Mitverantworten, Fürsorge und Mitsorge, Vorsorge und Nachsorge, Hilfe zur Selbsthilfe und zur Verantwortung.

„Die reinen Herzens sind". Zu einem glücklichen Leben im Angesicht Gottes gehört das Vertrauen in Gottes Gegenwart, nicht Genügsamkeit oder Selbstherrlichkeit, sondern eine persönliche Verantwortung vor Gott und dem Nächsten.

„Die Friedensstifter". Zu einem glücklichen Leben im Angesicht Gottes gehört der Frieden, nicht Duldsamkeit oder Gleichgültigkeit, sondern der verantwortungsbewusste Einsatz für einen Frieden in Würde, in Freiheit und Gerechtigkeit.

„Die um der Gerechtigkeit willen Verfolgten": Zu einem glücklichen Leben im Angesicht Gottes gehört die Standfestigkeit, nicht Rückgratlosigkeit oder Mutlosigkeit, sondern das Ertragen von Verachtung, Hochmut und Gleichgültigkeit dem Willen Gottes gegenüber.

Die Glückseligkeitsversprechen wollen nicht bevormunden; sie wirken auch nicht wie heiße Luft, die schnell verdampft, sondern eher wie eine frische Brise neuen Lebens, die Mut macht, mit Gehirn und Herz auf letzte Glückseligkeit im Reich Gottes und jetzt schon auf den Geist des Bergpredigers im Alltag zu hoffen.

Christliche Ethik: Kompass, kein Rezeptbuch

Ethik (="Gewohnheit", „Sitte" bzw. die philosophische Wissenschaft vom Sittlichen mit den traditionellen Fragen nach dem „höchsten Gut", dem „richtigen Handeln" und der „Freiheit des Willens") kann in vielfältigen Perspektiven unterschiedliche Fragestellungen bearbeiten.

Die *Individual-* Ethik fragt u.a. zum Beispiel:

Wie ist das *Verhalten* des einzelnen Menschen zu beurteilen? Welche *Werte* und *Normen* leiten ihn?

Die *Sozial*-Ethik:

Wie sind die *Verhältnisse*, in denen der Mensch lebt, zu beurteilen? Welche *Strukturen* und *Prozesse* gibt es?

Die *Gesinnungs*-Ethik:

Welche „*Denke*" und welche Motivation hat der einzelne Mensch? Wie sieht es mit seinem Gewissen, mit dem „Wahren", „Guten" und „Richtigen" aus?

Die *Verantwortungs*-Ethik:

Wie kann das „*Handeln*" in der Realität eingeschätzt werden? Welche Folgen und Wechselwirkungen können entstehen? Wer (=Subjekt) handelt, vor wem(=Instanz), wann (=Zeit), unter welchen Bedingungen (=Situation), in welchem Ausmaß (=Geltungsbereich)?

Christliche Ethik schöpft aus den biblischen Quellen und ist ein Kompass der Liebe mit verschiedenen Nadeln:

- Nadel der Folgen: aus *Dankbarkeit* folgt Liebe (vgl. z.B. „Vom Schalksknecht" Mt 18,21-35)

- Nadel der Forderungen: aus *Überzeugung* soll Liebe/Weisheit folgen („Goldene Regel" Mt 7,12)

- Nadel des gelebten Glaubens: der *„Begeisterte begeistert"* (Gal 5,25; Röm 11,36a)

- Nadel der verantwortungsbewussten Freiheit: der Christ ist *frei zur Liebe* (1.Kor 6,12; Mk 2,27a)

- Nadel der Würde: *alle* Menschen sind *Ebenbilder Gottes* (1.Mos 1,27a)

Christliche Ethik im Geiste Jesu Christi (siehe auch „Barmherziger Samariter" Lk 10,25-37 und „Bergpredigt" Mt 5-7) ist zugleich eine Gesinnungs- und Verantwortungsethik:

Der universelle Stachel der Liebe, der Freiheit und Verantwortung im Fleisch einer konkreten und aktuellen Situation. Christliche Ethik betreibt keine theoretische Prinzipienreiterei oder gedankenlose Schwärmerei, aber auch keinen reinen Pragmatismus. Sie will niemanden bevormunden, aber auch keinen von der eigenen zu begründenden Verantwortung vor Gott und dem Nächsten sowie seiner Mit- und Nachwelt einfach entlasten.

Der Kompass christlicher Ethik ist keine moralische *Statue*, die nur mit dem Finger gen Himmel zeigt. Kein ideologisches *Navi*, das genau weiß, wo es lang geht. Kein politisches *Rezeptbuch*, das Glück verspricht und einfache Angebote zur Gestaltung des Lebens macht.

Der Kompass des Evangeliums von der göttlichen Liebe im Geiste Jesu Christi zeigt vielmehr die *Richtung* auf allen Lebenswegen an. Und Kompassarbeit bedeutet, seine Verantwortung in einer konkreten Situation durch die Beantwortung verschiedener Fragen wahrzunehmen (z.B. Welcher Weg führt am besten zum Ziel? Umwege? Pausen? Tempo? Schritte? Sprünge? Proviant? Team?). Und dabei die Gewissheit geschenkt zu bekommen, dass Gott Wegbegleiter und Wegbereiter, ja der „Grund" aller Wege ist, der bewegt.

Christliches Menschenbild:
Ein Kunstwerk Gottes

Das Bild vom Menschen aus christlicher Sicht schöpft aus der biblischen Quelle.

Nach der *ersten* Schöpfungserzählung („Priesterschrift" 1.Mos 1,1-2,4a; Elohim=Gott)

ist der Mensch ein *Ebenbild Gottes*, Abschluss und Krönung der gesamten Schöpfung – nach dem Bild und der Ähnlichkeit Gottes sowie als Mann und Frau durch Gottes analogieloses Tun geschaffen („creatio ex nihilo" = Schöpfung aus dem Nichts").

Nicht Gott hat eine menschliche Gestalt, sondern der Mensch ist von Gott her geschaffen, repräsentiert Gott und bleibt ihm gegenüber verantwortlich.

„Und Gott sprach. Lasset uns Menschen machen nach unserem Bilde, uns ähnlich." (1.Mose 1,26a)

„Und Gott schuf den Menschen zu seinem Bilde, zum Bilde Gottes schuf er ihn; und schuf sie als Mann und Frau." (1. Mose 1,27)

Nach der *zweiten* Schöpfungserzählung („Jahwistischen Bericht" 1.Mose 2,7-3,19; JAHW= Namen des Gottes Israels) ist der Mensch ein *Erdengebilde*, aus dem Staub der Erde gebildet, indem Gott ihm den Odem des Lebens (Odem=Atem) in seine Nase blies.

Als Erdling ist der Mensch begrenzt und vergänglich, als „lebendige Seele", die er nicht hat, sondern ist, bleibt er mit Gott verbunden.

„Da machte Gott der HERR den Menschen aus Erde vom Acker und blies ihm den Odem des Lebens in seine Nase. Und so ward der Mensch ein lebendiges Wesen." (1.Mose 2,7)

Die Erschaffung der Frau (=„ischa"), die zum Mann (="isch") „passt", deutet auf beider Wesensgleichheit sowie Gleichwertigkeit bei aller Verschiedenheit hin (1.Mose 2,18-25).

Der Mensch ist ein *gewolltes Geschöpf Gottes*.

Er ist *kein Zufallsprodukt*; es bleibt jedoch letztlich ein Geheimnis, warum, wann, wo, wie und wozu er das Licht der Welt erblickt.

Der Mensch ist ein *originelles Geschöpf Gottes.*

Er ist *kein Fließbandprodukt*; jeder Mensch hat einen individuell genetischen Fingerabdruck sowie eine einzigartige und unverwechselbare Sozialisation und Geschichte.

Der Mensch ist ein *soziales Wesen.*

Er ist von Geburt an *kein Einsiedler*; jeder Mensch braucht in seiner Unvollkommenheit und Bedürftigkeit andere Menschen zum Überleben, soziale Kontakte und fürsorgliche Solidarität. Und er wird selbst als Teil der Gemeinschaft gebraucht.

Der Mensch ist ein *Ebenbild Gottes*, ihm „*ähnlich*".

Er ist *kein gottloses Wesen*, auch wenn er sich als Gottloser versteht. Der Mensch, der eine unzerstörbare Würde (=„dignitas aliena"=fremde Würde) hat, wird als Abbild seines Urbildes seine „Verantwortung vor Gott" nicht los. Er bleibt ihm verantwortlich, weil er in einer wesenhaften Beziehung zu ihm steht. „Denn von ihm und durch ihn und zu ihm sind alle Dinge." (Röm 11,36)

Der Mensch ist ein *Kunstwerk Gottes, dem Schöpfer zwar entfremdet, ihm jedoch bleibend verantwortlich.*

Er ist *kein böser Wolf*, aber auch *kein gutes Schaf;* wohl aber schenkt ihm der Glaube an Jesus Christus, der das Ebenbild Gottes ist (2.Kor 4,4), die innere Freiheit zur Liebe, zur gelebten Verantwortung vor Gott und dem Nächsten im inneren Kampf mit Hass, Bosheit, Neid, Lüge und Angst.

Das Kunstwerk aus einer Mischung von Vernunft und Gefühl kann die unsichtbare Hand, die es freiwillig und ohne jede Gegenleistung geschaffen und gewürdigt hat, ausschlagen, ignorieren oder sogar „beißen". Aber das freie Kunstwerk kann diese Hand auch im Gott- und Christusvertrauen *er*greifen, um zu *be*greifen: Die schöpferische Hand liebt mich unendlich und schenkt mir durch den Geist Christi Neuanfänge.

Werte: Wertvolle Werte

Welche Werte haben einen besonderen Wert? Am Wertehimmel tummeln sich viele Werte:

Schöne Werte wie Vertrauen und Liebe, Offenheit und Toleranz, Ehrlichkeit und Verlässlichkeit, Unabhängigkeit und Selbstständigkeit. *Schäbige* Werte wie Ausbeutung und Ausgrenzung, Heuchelei und Arroganz, autoritäre Belehrung und undurchschaubare Beeinflussung. Da tauchen *Un*werte skrupelloser Machtmenschen auf, die sich hinter der Maske „guter Taten" verstecken, vor allem nicht wahrhaben wollen, dass auch ihre Lebenszeit endlich und vergänglich ist und sie eines Tages für ihre Rücksichtslosigkeit zur Rechenschaft gezogen wer-

den. Es gibt zudem *Schein*werte abgehobener Moral-
apostel, die keinen Widerspruch dulden. Im Gewand der
Gerechtigkeit fordern sie Solidarität, sind jedoch selbst
zu keinem Opfer bereit. Und wollen die Menschheit mit
ihrem Besserwissen und Halbwissen beglücken und
erziehen.

Wer nicht träumt oder naiv ist, nicht heimatlos in seiner
eigenen Heimat werden will, braucht neben *schönen*
Werten auch besonders *wertvolle* Werte: Sie fallen nicht
vom Himmel. Sie müssen vielmehr im Alltag und für den
Alltag gedeutet, aktualisiert und konkretisiert werden.
Da sie auch in Konkurrenz und in Spannung zueinander
stehen – wie „Freiheit", „Sicherheit" und „Gleichheit" –
besteht die ständige Aufgabe, sie in speziellen Situationen abzuwägen und sich zu entscheiden. Und mit Leben
zu füllen: Der Wert „Fairness" beispielsweise wird dann
zur Norm „Du sollst dich fair verhalten", zum Grundsatz
„Auch die andere Seite ist zu hören" oder zur Regel „Jeder soll die Chance zur Stellungnahme bekommen."

Immer besteht die Gefahr, dass Werte, Normen und
Regeln zugunsten einer rein profit-, macht-, interessen-
oder zeitgeistorientierten Haltung verraten werden.
Umso wichtiger bleiben schöne und wertvolle Werte,
die als Kompass der Orientierung und Quelle der Kraft

sowie als Florett der Vernunft helfen, einen Weg durch das Dickicht des Wechselspiels zwischen Eigenwohl und Gemeinwohl, zwischen Sein und Schein, Werden und Vergehen zu finden.

Eine Welt ohne *christliche* Werte wie Nächstenliebe, Freiheit im Glauben und Verantwortung vor Gott, Gerechtigkeit und Barmherzigkeit würde seelenloser und ärmer. Mit christlichen Werten jedoch erhalten das eigene Haus des Lebens und unsere Gesellschaft einen menschlichen und sozialen Geist, der die erneuernde und versöhnende Gottesliebe für Christen und Nichtchristen mitten in der Realität aufleuchten lässt.

Frieden:
Den Bären bändigen

Ist der mächtige Bär von allen guten Geistern verlassen?

Er erniedrigt seine Getreuen, die er mit seiner schlagenden Tatze hörig macht. Und versetzt andere durch seine Rücksichtslosigkeit und Brutalität in Angst und Schrecken. Eiskalt greift er ein souveränes Land an, ohne an das unbeschreibliche Leiden Unschuldiger und Wehrloser sowie an verabredetes Recht zu denken. Mit Lügen entfacht er eine kriminelle „Friedensmission".

Der autoritäre Bär hat einen unstillbaren Hunger nach Macht, Land und Einfluss im Blick auf benachbarte Länder, aber auch eine große Angst vor dem Machtverlust im eigenen Reich. Er duldet deshalb keine anderen starken Mächte neben sich und um sich herum.

Ist die Macht des Bären so allmächtig, dass im Machtrausch weitere Wahnsinnstaten folgen könnten? Bleiben nur ohnmächtige Wut, angstverzerrte Gesichter, sprachlose Trauer, kapitulierender Kniefall vor dem Unberechenbaren oder nur die Flucht vor der Verantwortung? Oder kann der Bär durch humane Appelle und fromme Wünsche beindruckt werden?

Manche setzen auf das Zeichen der Friedenstaube, weil sie an das Gute im Menschen sowie an Visionen glauben; andere bekennen sich zu ihrem Glauben, weil ein Friedensstifter Gottes Willen in sich trägt. Diese Menschen zeigen Rückgrat und Solidarität. Aber lässt sich dadurch ein enthemmter Bär von seinem Unrecht abhalten?

Ein anderer – von „seinem Bären" tief enttäuscht – ist jedoch zugleich von einer Täuschung befreit worden: „Ein solcher Bär wird ermutigt, seine Großmachtfantasien gewaltsam zu verwirklichen, wenn Falken oder Adler – um den Bären nicht zu provozieren – auf ihre Abwehrmöglichkeiten wirksamer Abschreckung, Verteidigung sowie Sanktionen verzichten. Ein vorauseilender Verzicht auf Stärke und Widerstand ist ein Bärendienst für die Freiheit in Würde und Selbstbestimmung." Wenn viele aufgeklärte Kreaturen jedoch, die friedlich und frei miteinander leben wollen, ihre Abwehrmöglichkeiten geschlossen und entschlossen zeigen und verhältnismäßig einsetzen, kann auch ein Bär in seine Schranken gewiesen werden.

Die Hoffnung auf „Schalom", „Salam" und „Friede sei mit dir" – auf eine bessere, sichere und heilere Zukunft mit Gottes Hilfe – ist wichtig, weil sie die wehrhafte Vernunft vernünftig macht und menschlich bewegt sowie dem menschenverachtenden Geist eines Bären mutig und besonnen zu widerstehen hilft.

Leben:
Würdig kämpfen

Ist das Leben immer ein Kampf?

Manche lassen sich wie ein Stück Holz im Strom treiben. Andere suchen lieber den Weg des geringsten Widerstandes. Wieder andere üben vornehme Zurückhaltung, weil sie kontroverse Auseinandersetzungen scheuen, sehen weg, hören weg, sprechen schweigend. Manche kapitulieren auch. Weil sie starr vor Angst sind, überlassen sie wehrlose Opfer und sich selbst lieber einem brutalen Aggressor.

Viele Normalsterbliche kämpfen jedoch für ein selbstbestimmtes und glückliches Leben. Sie wollen weder Spielball ihrer Lebensbedingungen noch Marionette unsichtbarer Spieler sein. Sie versuchen selbstverantwortlicher und mitverantwortlicher zu leben, mit ihren Möglichkeiten Ungerechtigkeiten und Unwahrheiten, Krankheiten und Leiden zu bekämpfen.

In ihrer Phantasie können Neid-, Rache-, Eifersuchts- und Minderwertigkeitsgefühle sowie starke Selbstzweifel und irrationale Ängste auftauchen. Diese „lästigen Fliegen" lassen sich nicht immer so schnell und so leicht vertreiben. Aber sie müssen nicht die Oberhand gewinnen und ihr eigenes Leben vergiften, wenn Fenster mit frischen Gegenkräften geöffnet werden.

Auch die alte Empfehlung des Apostel Pauls an seinen Mitstreiter Timotheus, den „guten Kampf des Glaubens" zu kämpfen, kann helfen, wenn das Leben zu einem Kampfplatz geworden ist.

Der Glaube an das Wirken des schöpferischen Gottes, der mitleidet und selbstleidet, schafft zwar die menschenverachtenden Geister nicht einfach aus der Welt. Er verkündet auch keine einfachen Durchhalteparolen, wohl aber schenkt er zuversichtliche Geduld und besonnene Tatkraft durch persönliche Gewissheiten: Du bist und bleibst durch Gott gewürdigt – unabhängig von und in deiner Situation. Du bist in deinem Kampf nicht allein, sondern stets „dennoch" geborgen. Du muss kein Held werden, aber du kannst das Notwendige und Befreiende tun, wofür du verantwortlich bist. Und du kehrst bei allen Erfolgen und Niederlagen eines Tages zu deinem Schöpfer zurück, der dich in Ewigkeit vollendet.

Wer sein Super-Ego, aber auch seine Selbst- und Gottvergessenheit bekämpft, lebt mitten im Kampf als kämpfte er nicht, würdig, ohne fiese Trickserei oder blauäugige Moral, fällt souveräne Entscheidungen – mit den geistlichen Waffen der Liebe und Vernunft, gelassen und tapfer.

Und setzt sich für eine sichere und stabile Ordnung ein, in der nicht die Gesetze der Fäuste herrschen, sondern die Rechte aller durchgesetzt werden.

Das Böse: Den Sumpf trockenlegen

Das Böse treibt häufig sein Unwesen hinter der Fassade des Guten. Im Hintergrund werden teuflische Fäden gezogen und scheinheilige Tarnkappen getragen. Das Böse interpretiert das Gute, indem es das Gute ins Böse verwandelt und zur Fälschung macht. Es belügt Leichtgläubige mit Halbwahrheiten, Skeptiker mit Unwahrheiten. Und fühlt sich selbst als Opfer.

Das Böse, das sich selbstverliebt gerne erhöht und selbstgerecht andere erniedrigt, glaubt an den Irrglauben, „gottgleich" zu sein und duldet keine „Halbgötter" neben sich. Es verschließt die Augen vor seiner eigenen Verwundbarkeit und Vergänglichkeit. Es zerstört herz- und haltlos, maß- und grenzenlos alle, die seine Macht und seine Machtgier in Frage stellen. Und lebt deshalb immer isolierter in der Kälte der Einsamkeit.

Manchmal zeigt jedoch das Böse ganz unverschämt seine brutale Fratze. Dann gibt es viele Tränen – die von unschuldigen Kindern, die das Böse nicht verstehen können; die von schwangeren Frauen, die ängstlich in die Zukunft blicken; die von alten Greisen, die ohnmächtig und verzweifelt sind, aber auch – nicht selten versteckt – die von mutigen Kämpfern gegen das Böse.

Die Fratze des Bösen macht Angst, weil sie anders handelt, als das Gute denkt und vor den Augen aller anderen Tatsachen schafft, die unvorstellbar, unvorhersehbar und unbegreiflich sind. Kühl kalkulierend und zugleich zynisch leidenschaftlich werden einmalige Menschenleben ausgelöscht, die nichts anderes getan haben, als in Frieden frei und glücklich leben zu wollen.

Aber kann sich diese Fratze aus dem selbstgeschaffenen Sumpf des Bösen befreien? Muss diese Fratze nicht früher oder später das von ihm vergiftete und Tod bringende Wasser selbst trinken? Anders gefragt: Werden böse und boshafte Menschen eines Tages zur Rechenschaft gezogen?

„Erlöse uns von dem Bösen", heißt es im Vaterunser, das von Jesus überliefert worden ist. Hat Gott das letzte Wort? Kann er als mit- und selbstleidender Gott durch das Gebet dem Beter Kraft schenken, dem Bösen zu widerstehen? Und die Hoffnung, dass der Sumpf der Boshaftigkeiten und Gewalt eines Tages durch die Kraft des Guten, der befreienden Vernunft und der besonnenen Stärke, trockengelegt werden kann, da das ganze Leben in Gottes schöpferischer Hand liegt.

Krisen:
Jenseits des Abgrundes

Werfen wir gerade einen Blick in einen Abgrund? Ergreift uns ein Schwindel angesichts der vielen Krisen, die alle bisherigen Gewissheiten erschüttern? Zieht uns eine panische Angst vor einer unbekannten Zukunft in ein schwarzes Loch, aus dem es kein Entrinnen gibt? Spielt das Leben angesichts zerstörerischer Kräfte mit uns Roulette? Gehören wir bereits zu den Verlierern mit unwiderruflichen Verlusten?

Vor allem die Bilder grenzenloser Brutalität eines verbrecherischen Angriffs- und Vernichtungskrieges schreien nach Hilfe – nach Stärkung militärischer Verteidigungsmöglichkeiten und politischer Wehrhaftigkeit, um das Völkerrecht, die staatliche Souveränität und territoriale Integrität, wieder herzustellen. Und nach Unterstützung und Solidarität aller freien Länder, die selbst zu Objekten der Einschüchterung und Erpressung oder gar zur Begierde eines imperialen Größenwahns werden können.

Unbeschreibliches Leid, hemmungslose Zerstörung sowie die Toten schreien auch zum Himmel – nach einem Gott, der versprochen hat, seine Schöpfung und sein Ebenbild nicht im Stich zu lassen. Hört dieser Gott nicht das Seufzen der Verzweifelten? Sieht er nicht die Augen voller Tränen? Fühlt er nicht die Gefühle der Opfer? Fehlt dem Allmächtigen die Macht, Tätern, Mittätern, Bewunderern und Duldern des Unrechts das Handwerk zu legen? Überlässt er der „Krone der Schöpfung" den Sturz in den tiefen Abgrund von Verbrechen, Lüge, Gier und Tod – aber warum? Ist Gott etwa hilflos, abgestumpft oder gar zynisch, ohnmächtig in seiner „Allmacht"?

Im Glaubensbekenntnis, das Christen im Gottesdienst sprechen, heißt es, dass Christus kommen wird, „zu richten die Lebenden und die Toten." Erwarten Christen trotz oder gerade wegen der Abgründe ein göttliches

Gericht, indem Gott das letzte Wort spricht? Hoffen sie, dass Gott selbst die Täter zur Verantwortung zieht und die Tränen der Opfer trocknet?

Das christliche Bekenntnis verharmlost nichts, verschleiert nichts, verschweigt nichts. Gott, der zwar seine Geschöpfe und Ebenbilder liebt, ist nicht der „liebe Gott", der zu allem Ja und Amen sagt. Der mitleidende und selbstleidende Gott ist auch ein richtender Gott, der nach der Verantwortung fragt („Adam, wo bist du?!"). Und der keinen Menschen – auch keinen, dessen Hass stärker ist als die Vernunft – von seiner persönlichen Verantwortung loslässt.

Ein Blick auf diesen Gott kann die dunklen Wartezonen der Klagen, Zweifel, Schmerzen sowie des Schweigens erhellen. Und trotz allem neues Gott- und Grundvertrauen und Hoffnung sowie mutige und besonnene Tatkraft weg vom Abgrund wachsen lassen.

Aggressor: Verteidiger der Menschlichkeit

Gibt es neue Gewissheiten, weil gewohnte gerade zerbrechen? Sind alte Parolen wie „Frieden schaffen ohne Waffen", „Frieden schaffen mit (immer) weniger Waffen", „Frieden schaffen gegen bestimmte Waffen" nur noch gutgemeinte Seifenblasen, die bei der Begegnung mit der brutalen Realität platzen?

Schon der Dichter Friedrich Schiller (1759-1805) brachte es auf den Punkt: „Es kann der Frömmste nicht in Frieden leben, wenn es dem bösen Nachbarn nicht gefällt." Und wenn der „böse Nachbar" noch ein hasserfülltes Feindbild pflegt, hat der „Frömmste" schlechte Karten: „Willst Du nicht mein Bruder sein, so schlag' ich Dir den Schädel ein." (Bernhard von Bülow)

Im Krieg tun sich Abgründe der Menschenverachtung auf, wenn ein Staatsterrorist zum Beispiel Kindergärten und Krankenhäuser, unschuldige und wehrlose Kinder, kranke und alte Menschen gezielt tötet, um Angst und Schrecken zu verbreiten und die Bevölkerung zu demoralisieren. Und dann noch die Lüge zynisch auftischt: „Selbst schuld."

Wer über unabhängige Infoquellen verfügt, lässt sich nicht täuschen. Ein Krieg ist ein Krieg, keine Fortsetzung einer Politik mit anderen Mitteln zur Unterwerfung freier Menschen, die in Frieden souverän und selbstbestimmt leben wollen. Und jeder Angegriffene hat ein

Recht auf Selbstachtung, Selbstbehauptung und Selbstverteidigung.

Ein Privatmensch kann waffenlos leben wollen. Aber er kann seine Haltung nicht von allen anderen einfordern. Ein demokratischer Politiker jedoch, der für die Sicherheit und den Schutz aller Bürger verantwortlich ist, kann sich angesichts einer barbarischen Tyrannei nicht hinter einer pazifistischen Prinzipienreiterei verstecken. Ohne Realitätssinn und der Bereitschaft zur Gegenwehr mit geeigneten Waffen würde er erpressbar. Und das Leid aller immer größer.

Ein größenwahnsinniger Aggressor lässt sich nicht von Friedensgebeten beeindrucken, auch nicht von dem Hinweis, dass seine Macht vergänglich ist und Gott als Weltenrichter das letzte Wort hat. Aber beim Beter selbst kann die Gewissheit wachsen, dass aktive Friedensstifter als wirksame Verteidiger der Menschlichkeit miteinander verbunden sind – nicht neutral, sondern der Würde verpflichtet, nicht naiv, sondern vor Gott und den Menschen verantwortlich, nicht tatenlos, sondern tatkräftig.

Teufel:
Licht im Grauen

Es gibt viele Engel, die dem Aufbau des Lebens dienen. Aber es gibt auch Teufel, die das Leben zerstören. Und es gibt Menschen, die eine Mischung aus engelhaft Gutem und teuflisch Bösem sind.

Keiner sollte sich täuschen lassen: Bösartige Menschen können sich als nette Menschen ausgeben und dennoch die Würde ihrer Mitmenschen mit Füßen treten.

Soll man dann flüchten oder angreifen, kapitulieren oder sich dem Schicksal fügen?

Es gibt auch die Möglichkeit dazuzulernen, indem zunächst die Realität wahrgenommen wird: Eine Welt ohne „Teufel" gibt es nicht. Man kann mit Engelszungen reden: Aber Menschen ändern sich weder einfach durch positive Vorbilder noch durch humane Werte - wenn sie es selbst nicht wollen. Es gibt Menschen, die bleiben stur und selbstgerecht in ihrem Echoraum sitzen, hören nur das, was sie hören wollen, suchen Bestätigung, keinen offenen Austausch und schon gar keine eigene Entwicklung.

Es befreit jedoch einen Menschen, wenn er akzeptiert, dass nicht alle Mitmenschen so denken wollen wie er selbst, dass im Meer des Lebens immer auch Inseln ohne faire Streitkultur, aber mit viel Feindschaft existieren, sogar vor der eigenen Küste. Und dass es für das Leben wichtiger ist, diesen Teil der Realität ernst zu nehmen als unvorbereitet von einem Sturm des Bösen überflutet zu werden.

Auf brutale Angreifer, aber auch auf unsichtbare Teufel mit Engelsmiene wütend zu sein, ist menschlich. Aber keiner muss selbst ungehemmt und zügellos werden. Klüger ist es, eigene Rachegedanken in eine verantwortungsvolle Aktivitätskultur zu verwandeln. Und weitsichtiger, freie Inseln effektiver zu schützen sowie Verbrecher glaubwürdiger abzuschrecken.

Manche lernen von Goethe, der den teuflischen Mephisto als „Teil von jener Kraft, die stets das Böse will, und stets das Gute schafft" und den wahrheitsliebenden Faust als „böse" bezeichnet hat, der jedoch seinen Hass in schöpferische Aktivitäten – „immer strebend" – umzuwandeln versuchte.

Andere schöpfen aus der Quelle christlicher Wahrheit, um sinnlosen Hass furchtlos mit Rückgrat und Tatkraft bekämpfen zu können. Oder auch um mit dem Hassenden so lange leben zu lernen, bis die Dunkelheit des

Grauens sich selbst verändert, indem sie ein neues Licht der Vernunft und Menschlichkeit gebiert.

Schamgefühl: Ohne eine Miene zu verziehen

Scham, die es auf der ganzen Welt gibt, ist ein starkes Gefühl: Das Gesicht errötet, die Hände werden feucht und das Herz schlägt wild. Der Beschämte fühlt sich beobachtet und bloßgestellt. Und wenn er tatsächlich zum Beispiel bei der Missachtung einer sozialen Norm „ertappt" worden ist, wird es peinlich. Am liebsten würde er dann im Boden versinken.

Scham – der verlegene Blick des Beschämten aus der Perspektive des Mitmenschen - kann belasten, aber auch kontrollieren und erneuern helfen. Zu Recht wird gefragt: „Hast du kein Schamgefühl?" - wenn einer täuscht, die Wahrheit verdreht, das Vertrauen missbraucht, die Gemeinschaft zerstört. Oder immer gefühlsloser wird, ohne eine Miene zu verziehen.

Peinlich wird es allerdings auch, wenn ein Mensch einen anderen auffordert, sich zu schämen, um die „Scham" öffentlich zur Schau zu stellen und von seinem eigenen Scheitern abzulenken. Oder wenn „Ich schäme mich für dich" nur ein Lippenbekenntnis ist, um die eigene moralische Überlegenheit und Bedeutsamkeit zu inszenieren.

Zu einem ehrlichen Schämen – wenn es durch Scheitern oder Makel wie Schuppen von den Augen fällt – gehört der Erkenntnisgewinn, sich geirrt, etwas falsch eingeschätzt oder falsch gemacht zu haben. Um daraus richtige Konsequenzen zu ziehen, Kontrollverlust, negativen Stress und Ohnmachtsgefühle zu überwinden.

Totalitäre und abgebrühte Gewaltverbrecher kennen weder Mitgefühl noch Schuldgefühl noch Schamgefühl. Sie sprechen von Befreiung ihrer „Brüder", die sie zugleich vernichten; von „Rettung", meinen aber bedingungslosen Gehorsam. Sie täuschen ihre „Freunde", indem sie ihre hemmungslose Gier nach immer mehr Macht und Beute unter dem Gewand des Guten verstecken.

Seit der Vertreibung des Menschen aus dem Paradies – nach der Übertretung des Verbotes vom Baum der Erkenntnis zu essen – gibt es keine heile Welt mehr. Aber nach diesem Scheitern können Menschen zwischen Gut und Böse unterscheiden. Und es gibt eine neue Perspektive: Die Welt muss nicht heillos und grausam bleiben. Sie kann vielmehr heilbarer werden – durch mutige

Menschen, die selbst nicht schamlos, sondern nachdenklich und ehrlich sind, wehr- und entwicklungsfähig sowie souverän – wegen ihrer Schamfähigkeit.

Gott: Fels in der Flut

Die Stille verzaubert die Sinne, beruhigt und beflügelt zugleich die Seele. Vieles wirkt friedlich und idyllisch. Aber kann das auch die bekannte Ruhe vor dem großen Sturm sein?

Eine unbarmherzige Flut, die sich keiner wirklich wünscht, kommt manchmal wie aus heiterem Himmel: Mit den Überschwemmungen des Alltäglichen, Gewohnten und Bewährten. Mit der Wucht der Wellen der Angst, der Sorgen und des Leidens. Mit den Zerstörungen durch Gier und Hochmut, Neid und Selbstsucht, Hass und Feindschaft, Heuchelei und Intrigen.

Ein Fels, der sich nicht aufgibt, verschweigt nicht die Flut, beschönigt sie nicht, erstarrt auch nicht einfach zur Borniertheit. Der Fels kann die Flut nicht wegzaubern, wohl aber entzaubern, indem er sie durch seinen Willen zum Leben, durch Wehr- und Leidensfähigkeit, sein Profil und seinen Widerstand annimmt und damit verändert. Die Flut, die übermächtig sein will, ist mächtig, aber nicht allmächtig. Sie quält das Gute, Schöne und Wahre und vermischt sich mit ihnen als wenn sie ein Zauberer mit üblen Sprüchen wäre. Aber das Innere des Felsen – die Selbstachtung und Liebe – ist unantastbar, kann nicht zerstört werden und bleibt stärker als alle Mächte, die den Felsen brutal zu beseitigen versuchen.

Es gibt einen unsichtbaren Felsen in einem Menschen, der keine Zauberei, jedoch einen Zuflucht- und Schutzort sowie Hoffnungs- und Energieort darstellt. Hier kann sich ein leidgeprüfter Mensch Luft verschaffen: Hier ist Raum für Klagen, Schreien, Ohnmacht oder Verstummen. Hier können wildes und verletztes, naives und dummes, überhebliches und gleichgültiges Denken und Fühlen selbstkritisch reflektiert und dadurch überwunden werden. Hier hofft der Gläubige nicht auf Vertröstung, sondern auf einen einfühlsamen und tröstenden Felsen - auf Gottes Wirken, der selbst in unerträglicher Ohnmacht mit dem Geist seiner schöpferischen Kraft mächtig ist. Damit Menschen wieder neu- und froh werden. Und zu lebendigen Felsen, die gewürdigt sind, und sich durch den Geist der Liebe und Vernunft zugleich mutig und demütig, stark und weise bewegen können.

Keiner verliert seine Freiheit in Verantwortung vor Gott. Alle sollen in allen Stürmen ein Leben in Würde, Frieden und Sicherheit führen können. Denn „Gott ist mein Fels, meine Hilfe und mein Schutz, dass ich nicht fallen werde". (Psalm 62,7)

Jesus Christus: Geheimnisvolle Botschaft

Eine geheimnisvolle Botschaft höre ich wohl…

Doch ist sie nur heiße Luft, eine leere Versprechung, ein billiger Trost? Vielleicht nur geschickte Täuschung, ein naiver Selbstbetrug, eine soziale Show? Oder gar provokante Zumutung, weil die Tatsachen eine ganz andere Sprache sprechen? Ist die Botschaft wahr?

Zum Glück sagt mir mein Kopf, dass es verschiedene Wahrheiten gibt, die sich ergänzen oder in einem Konkurrenzverhältnis zueinander stehen können. Den Wahrheitsgehalt dieser „Infos" muss ich kritisch, wenn möglich mit Hilfe unabhängiger Quellen, überprüfen – den von journalistischen Nachrichten und Berichten zum Beispiel, aber auch den von Gutachten oder Protokollen.

Eine besondere Botschaft mit einem besonderen Inhalt ist die Liebeserklärung. Sie kann zwar als Lippenbekenntnis oder als Süßholzraspeln missbraucht werden, um die Wahrheit zu verstecken. Sie kann auch irrational unvernünftig oder schwärmerisch sein. Und wer sie ständig durch den kleinteiligen Reflexionswolf dreht, zerstört ihr Anliegen. Aber auf die Spur dieser Beziehungswahrheit kommt der Angesprochene erst, wenn er sich auf das Wagnis einer liebenden Begegnung ganzheitlich einlässt.

Ähnlich einer Liebeserklärung kann es einer Person ergehen, der die Botschaft vom auferstandenen Gekreuzigten hört, sie im Kopf bedenkt und im Herzen bewegt:

Diese Botschaft hör ich wohl, aber weder theologische Klimmzüge noch historische Beweise öffnen den Raum einer neuen Wirklichkeit. Erst der Glaube – das Vertrauen in Gottes schöpferische Möglichkeiten, selbst am Ende Neuanfänge zu schaffen – ist der Schlüssel, um die Wahrheit dieser göttlichen Verkündigung über den Tod hinaus zu entdecken. Ohne das Wagnis des Glaubens kann der Gläubige keine Glaubenserfahrungen sammeln: Dass in der Angst das Pflänzchen Vertrauen wächst, Tränen abgewischt, Hände zur Versöhnung gereicht werden, dass Zuversicht auf Gottes Wirken die

Gewissheit schenkt, dass der Friede nicht unvernünftig, jedoch höher als alle Vernunft ist.

Der Glaube an Jesus Christus ist keine Dekoration, keine Moral, kein Dogma, kein Aberglaube wohl aber eine Quelle neuen Lebens – ein Leben, das jeder Gläubige durch die geheimnisvolle Botschaft der Auferstehung noch vor sich hat.

DIE FÜNF SIEBE DES
CHRISTLICHEN MANAGEMENTS

1. Sieb: Verantwortbar? <u>Vision</u>

Evangeliums-gerecht?

Gottesliebe - Nächstenliebe

2. Sieb: Wünschbar? <u>Mission</u>

Menschen-gerecht?

Ort der Nächstenliebe

3. Sieb: Machbar? <u>Organisation</u>

Unternehmens-gerecht?

Gesamtverantwortung vor Teilverantwortung

4. Sieb: Finanzierbar? <u>Strategie</u>

Markt-gerecht?

Unique Selling Proposition

5. Sieb: Vertretbar? **Konzept**

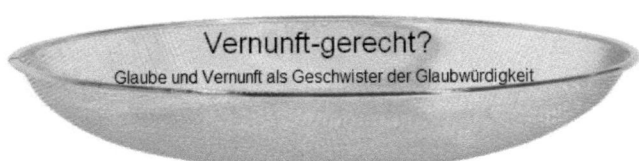

Vernunft-gerecht?
Glaube und Vernunft als Geschwister der Glaubwürdigkeit

Das Modell der **FÜNF SIEBE DES CHRISTLICHEN MANGEMENTS** ist die Frucht meiner 20jährigen Leitungstätigkeit in einer kirchlichen Stiftung u.a. mit Krankenhaus, Altenpflegeheim und Ausbildungsstätten und etwa 700 Mitarbeitenden.

Gemeinsam mit den Vorstandsmitgliedern sowie mit einer langjährigen Rückendeckung des Aufsichtsrates habe ich versucht, ein ganzheitliches Management um- und durchzusetzen, das Wirtschaftlichkeit, Fachlichkeit, Wertigkeit, Menschlichkeit und Kirchlichkeit im Sinne der Stiftungszwecke und der Stiftungstradition miteinander verantwortungsbewusst verbindet.

Angesichts vielfältiger Herausforderungen durch gesetzliche und politische Rahmenbedingungen und eines sich ständig wandelnden Sozialmarktes, aber auch durch Auseinandersetzungen um inhaltliche Prioritäten in eigenen Leitungsgremien war es nicht immer einfach, die Idee meines Doktorvaters Prof. Dr. Alfred Jäger, alle geplanten Entscheidungen vor ihrer Beschlussfassung systematisch und theologisch zu reflektieren, in die Tat umzusetzen. Dennoch machte es Sinn, Theorie und Praxis immer wieder neu wie kommunizierende Röhren zusammenzuführen, um glaubwürdig zu bleiben und eine diakonische Einrichtung als Einrichtung der Kirche nachhaltig gestalten und führen zu können.

Das Modell kann, wenn es den Rückenwind einer christlichen Vision von der Liebe Gottes wahr- und ernstnimmt, auch zukünftigen Generationen Orientierung für den spannungsreichen Alltag geben.

Denn die Ermutigung des Apostel Paulus bleibt:

„Prüft aber alles und behaltet das Gute!" (1. Thessalonicher 5,21)

Das erste Sieb prüft, ob eine Entscheidung *verantwortet* werden kann: Steht sie im Einklang mit dem **Evangelium** und dem christlichen Menschenbild?

Das zweite Sieb prüft, ob eine Entscheidung *wünschbar* ist: Steht sie im Einklang mit den **Stiftungszwecken** und dem christlichen Leitbild?

Das _dritte_ Sieb prüft, ob das Vorhaben _machbar_ ist: Kann es mit den vorhandenen personellen und organisatorischen **Ressourcen** verwirklicht werden und gibt es dazu eine passende **Kultur** im eigenen Haus?

Das _vierte_ Sieb prüft, ob das Vorhaben _finanzierbar_ ist: Bieten **Markt** und **Umfeld** sowie die finanziellen **Mittel** geeignete Bedingungen, das Vorhaben – mit Alleinstellungsmerkmal im Kontext der kirchlichen Einrichtung? - wirtschaftlich zu gestalten und strategisch zu verantworten?

Das _fünfte_ Sieb prüft, ob für das Vorhaben _vertretbar_ ist: Kann ein schlüssiges und effektives sowie ganzheitliches **Konzept** entwickelt werden, um erfolgreich zu werden und glaubwürdig in der **Praxis** zu bleiben?

UNIVERSALISTISCHES ETHOS

Ich verpflichte mich ...

Die *Würde* eines Mitmenschen so zu achten, wie man selbst geachtet werden will,

für die unverlierbare und unteilbare Würde aller Menschen einzutreten,

sie zu verteidigen und zu ermöglichen.

Die *Freiheit* eines Mitmenschen so zu achten, wie man selbst unabhängig sein will,

für die an Recht und Verantwortung gebundene Freiheit aller Menschen einzutreten,

anders zu denken, zu fühlen, zu handeln, zu sein.

Gerecht zu sein,

Lebenschancen für alle zu suchen, unterschiedliche Leistungen anzuerkennen,

dem Schwächeren zu helfen, an die Folgen der Mit- und Nachwelt zu denken.

Menschlich zu sein,

bei aller Verschiedenheit, Gegensätzlichkeit und Widersprüchlichkeit das Gesicht des anderen zu schützen und seine Seele nicht zu verletzen.

Wahrhaftig zu sein,

bei aller Notwendigkeit Sein und Schein zum Ausgleich zu bringen,

aufrichtig und glaubwürdig zu leben.

Tolerant zu sein,

persönlichen Respekt in der inhaltlichen Auseinandersetzung zu zeigen,

niemanden zu verunglimpfen, zu missachten oder feige zu schweigen.

Fair zu sein,

sich eine eigene Meinung durch das Hören des anderen zu bilden

und keine Vorurteile zu pflegen oder pauschal einen Menschen zu verurteilen.

Taktvoll zu sein,

Rücksicht auf die Gefühle und persönliche Situation anderer zu nehmen und nicht selbstsüchtig oder gedankenlos die Seele anderer zu kränken.

Höflich zu sein,

mit guten Umgangsformen menschliches Format zu zeigen

und nicht durch Lautstärke oder Heuchelei die Wertschätzung zu zerstören.

Barmherzig zu bleiben,

weil man selbst auf Liebe und Versöhnung angewiesen ist,

selbst Neuanfänge, Kompromisse und Lösungen zu ermöglichen versucht.

Das Ethos spiegelt christliches Denken und Verhalten wider. Es ist für das Zusammenkommen, Zusammenarbeiten und für das Zusammenbleiben, das Miteinander und Füreinander von Christen und Nichtchristen in einer kirchlichen Einrichtung der Schlüssel zum gemeinsamen Erfolg durch gelebte Glaubwürdigkeit.

DANKSAGUNG

Das vorliegende Buch konnte nur gelingen, weil insbesondere zwei Personen mir geholfen haben, denen ich zu Dank verpflichtet bin:

Mein Sohn Jonas, der für das Layout und die Gestaltung der Texte gesorgt hat, zeigte wieder Einsatz und Besonnenheit.

Meiner Frau Margret danke ich vor allem für ihre konstruktiv-kritische Begleitung sowie die Lektorenarbeit.

Danken möchte ich aber auch meiner Tochter Vera und meinem Schwiegersohn Dr. Johannes Sander für ihre inspirierenden Impulse. Und ihren Kindern Anni und Carla, ohne die ich nicht so motiviert gewesen wäre, dieses Buchprojekt durchzuführen.

Schließlich danke ich allen Lesern, die das Buch immer wieder in die Hand nehmen, weil sie nach christlicher Orientierung suchen, um sich eine eigene Meinung auf dem Markt vielfältiger Sinn- und Glaubensangebote bilden zu können oder es als kleines Kompendium in Bezug auf religiöses Wissen zu nutzen.

Der Autor

Burkhard Budde ist promovierter
Theologe, freier Journalist, Buchautor
und Kolumnist des Westfalen-Blattes
(„Moment mal") sowie des Wolfenbütte-
ler Schaufensters („Auf ein Wort").
Er engagiert sich ehrenamtlich als Vorsitzender zweier
Stiftungen in Braunschweig und Bad Harzburg, ist eh-
renamtlicher Richter am Braunschweiger Verwaltungs-
gericht und Mitglied des Auswahlausschusses der Kon-
rad Adenauer Stiftung/ Begabtenförderung und Kultur.
Er ist verheiratet, hat zwei erwachsene Kinder und zwei
Enkelkinder und lebt in Bad Harzburg.

1953 in Bünde (Kreis Herford) geboren

1973 bis 1979 Studium Ev. Theologie, Publizistik und
Philosophie Universität Münster

(Kurzvolontariate beim Herforder Kreisblatt und beim
Deutschlandfunk in Köln)

1979 bis 1981 Gemeindevikariate in Bocholt und Münster; Pressevikariat beim Ev. Presseverband in Bielefeld

1981 bis 1994 Pfarrer der Ev. Kirchengemeinde Spenge
im Kreis Herford

(Mitglied der Veranstaltergemeinschaft Radio Herford)

1994 bis 2014 Vorstandsvorsitzender der Stiftung Marienstift in Braunschweig

(Kirchliche Stiftung u.a. mit Krankenhaus, Altenpflegeheim, Ausbildungsstätten)

2003 Verleihung des Stadtpreises der Stadt Spenge

2007 Promotion an der Kirchlichen Hochschule Wuppertal/Bethel bei Prof. Dr. Alfred Jäger („Führung/christliches Management")

2007 bis 2010 Vorsitzender des Vereins Portal zur Geschichte Bad Gandersheim

2008 bis 2014 Vorstandsvorsitzender des Niedersächsischen Ev. Verbandes für Altenhilfe und Pflege e.V.(NEVAP) (Vertretung von z.Z. 175 Trägern mit 317 Einrichtungen der offenen, ambulanten, teilstationären und stationären Altenhilfe sowie die fachbezogenen Bildungsträger in Niedersachsen)

2014 Verleihung des Kronenkreuzes in Gold der Diakonie

Bücher des Autors

Eine Auswahl

Moment Mal

Aphorismen für den Alltag

Verlag: Books on Demand (2021)

ISBN: 978-3-7557-1740-9

Haifische im Aquarium (Roman)

Mitten unter uns

Verlag: Books on Demand (2020)

ISBN-13: 978-3-7519-5956-8

Annis Welt

Neugier auf das Leben

Verlag: Books on Demand (2019)

ISBN-13: 978-3-7347-9678-4

Erkennen, anerkennen, bekennen

Gedanken aus dem Leben zum Denken und Handeln

Verlag: Books on Demand (2018)

ISBN-13: 978-3-7448-8537-9

Christliches Management profilieren

Führungsstrukturen und Rahmenbedingungen

konfessioneller Krankenhäuser in Deutschland

Verlag: LIT Verlag (2009)

ISBN-13: 978-3-8258-0830-3

Dem Leben auf der Spur

Perspektiven Jesu am Beispiel des Spenger Altars

Verlag: Ernst Knoth (1998)

ISBN: 3-88368-302-7

Wege der Versöhnung

Illustrationen von Marie-Luise Schulz

Verlag: Ernst Knoth (1997)

ISBN: 3-88368-299-3

Moment mal!

Eine Prise reicht manchmal aus

Verlag: Ernst Knoth (1993)

ISBN: 388368256X